A. de Montluc, c^te de Cramail

LA COMEDIE DE PROVERBES.

PIECE COMIQVE.

Reueuë & augmentée en cette derniere Edition.

Par le Comte de Cramail

A ROVEN,

Chez IACQVES CAILLOVË,
à la Court du Palais.

M. DC. LVI.

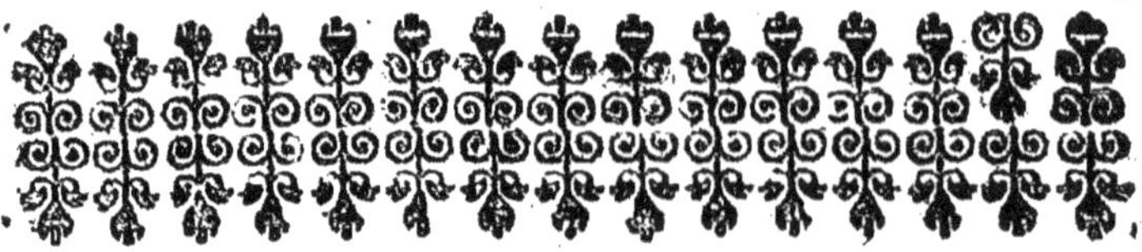

ARGVMENT.

LIDIAS Gentilhomme plus noble que riche, ayant aimé long temps Florinde fille du Docteur Thesaurus & se voyant hors d'espoir de l'espouser, à cause de la recherche qu'en faisoit le Capitaine Fierabras, qui auoit beaucoup plus de moyens que luy, s'en vient la nuict aßisté d'Alaigre son valet, pour enleuer cette belle, qui luy auoit donné sa parole, ayant à mesme instant asseurance de Philipin valet de la maison, qui estoit resolu de s'en aller auec elle, ils accomplissent heureusement leur dessein, & s'en vont eux quatre ensemble. Le Docteur Thesaurus qui estoit aux champs, apprit à son retour l'enleuement de sa fille, tant par le rapport d'vn voisin, que par sa femme qui ne la trouua plus au logis. Ce que le Capitaine Fierabras ayant appris aussi, il vient tesmoigner au Docteur le ressentiment qu'il a de cét affront, & iure de s'en venger. Les fugitifs d'vn autre costé essayant auec beaucoup de peine d'arriuer à vne metairie que Lidias auoit aux champs et comme ils se trouuerent dans vne campagne, voyant que la faim ne leur permettoit pas d'aller plus loin, ils se mettent à l'ombre de quelques arbres, pour manger de la prouision que Philipin auoit eu soin d'apporter. Bien tost apres leur repas, la grande chaleur & la lassitude les inuite à prendre le repos que l'agreable fraischeur du lieu où ils estoient leur faisoit esperer, & pour cét effect ils se despoüillerent des habits qui les incommodoient le plus. Or pendant leur sommeil, quatre Boesmiens qui estoient poursuiuis du Preuost pour quelques larcins qu'ils auoient faits, se rencontrerent aupres d'eux, & leur ioüerent vn tour de leur mestier, afin de se sauuer plus aisément: Ils se vestirent donc de leurs habits, & leur laisserent les leur. Ceux qui auoient trop dormy se trouuerent volez à leur resueil. Ils se consolent neantmoins par vne inuention que trouue Alaigre de contrefaire les Boesmiens & se seruir de leurs habits pour aller voir le Docteur, & luy disant la bonne auenture, le faire consentir à receuoir sa fille auec vn Gendre. Ce qui leur reüßit tres bien: car le Docteur & sa femme creurent presque tout ce que leur dirent ceux qu'ils croyoient estre vrays Boesmiens: le Capitaine auquel on auoit dit außi la bonne auenture deuient amoureux de la Boesmienne Florinde, qui ressembloit ce disoit-il, à sa premiere maistresse qui auoit esté enleuée: il luy fait donner vne serenade, qui est interrompuë par le Preuost qui cherchoit les voleurs qui s'estoient sauuez. Il frappe à la porte ou estoit Lidias auec ceux de sa troupe, que l'on prend pour Boesmiens: Lidias reconnent incontinent le Preuost qui estoit son frere. Ils s'en vont tous ensemble trouuer le Docteur qui recent Lidias pour son gendre auec beaucoup de contentement, & les amans gousteront en repos les plaisirs que leur amour meritoit. Le Capitaine desesperé d'amour va rechercher sa consolation dans les occasions de la guerre.

PROLOGVE DV DOCTEVR THESAVRVS.

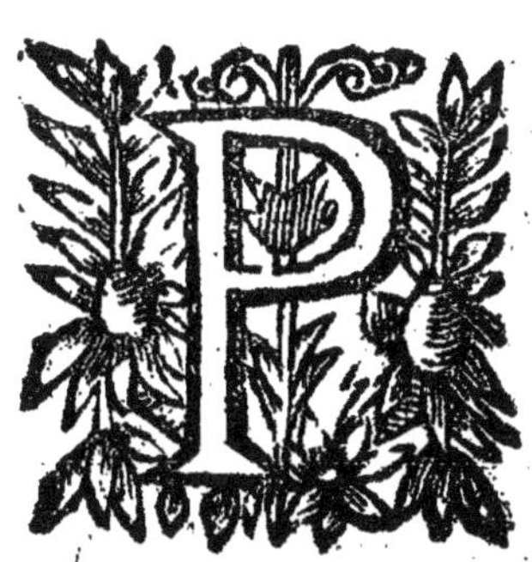

Ythagoras, Socrates, Plato, Aristoteles, *atque alij, tam Magi, sacerdotes, Gimnosophistæ, Druidæ, sapientes, Doctores quàm qui in omni scientiarum genere floruerunt vt Demosthenes, Cicero*: & autres de mesme farine, tant Anciens, que Modernes, nommez & à nommer, dits & à dire, dictez & à dicter, recitez & à reciter, cognus & à cognoistre, nez & à naistre en ce monde icy & en l'autre, *toti & rudissimi quidem sed nihil ad me*: car il n'y a non plus de comparaison d'eux à moy, que d'vn Escolier à vn Maistre, d'vn butor à vn espreuier, d'vn asne à vn cheual, d'vn fourmis à vn Elephant, d'vne montagne à vne souris, & parlant par reuerence, que d'vn estron à vn pain de sucre, *sic de cæteris*.

ce ne sont que des zeros en chiffre au regard de moy, qui suis *Magister*, *Magistrorum*, *Doctor Doctorum*, *præceptor præceptorum*, *& totius vniuersæ academiæ facilè princeps & coriphæus*, moy en qui la Philosophie a fait son *indeuidu*, moy qui ay presché sept ans pour vn Caresme, moy qui enseigne Minerue, moy qui suis le tripier d'eslite, & le pot aux trippes, di-ie, le prototipe de doctrine, moy qui suis en vn mot, l'enciclopedie, mesmes le ramas de toutes les sciences, *in sequitur*, que ie suis le premier des Docteurs du monde, *quare & per quam regulam*, quand les canes vont aux champs, la premiere va deuant: Voila qui est vuidé aussi bien qu'vn peigne, aux autres ceux là sont cassez, *ioco nilo*, pour neant, faisons partie nouuelle & iouons sur nouueau frais, *serio*, tout de bon, *auditores amplißimi*, tant petits que grands, *vtriusque generis masculini & fæminini*, à tous bons entendeurs salut, honneur, santé, ioye, amour & dilection, vous soyez tous les aussi bien venus, comme si l'on vous auoit mandez, vous auez bien fait de venir: car ie ne vous fusse pas allé querir: Mais à propos de bottes, mes souliers sont persez, couurez-vous bagotiers la sueur vous est tres-bonne, & moy aussi, car il est bien fou qui s'oublie, or sus, or sa, or sum, or sus donc nos departies sepentere, sçauoir qu'il est auiourd'huy Sainct Lambert, qui sert de sa place la pert, que la conserue vaut mieux que le refiné; qui bien *esta non si moue*, dit l'Italien *& nos doctißimi doctores*, nous disons en nos Escolles prouerbiales *qui tenet teneat, possessio valet*, qu'il vaut mieux tenir que querir, & au cas frere Lucas, que Lunas n'eust qu'vn œil, sa femme n'auroit espousé vn borgne, & au cas di-ie, quelques Docteurs de nouuelle impression, & de la derniere couuée, ayant chaussé leur vert coquin, & enfumé la langue enfumée sous la cheminée des medisans, veulent tondre sur vn œuf, & corriger le Magnificat à Matines: Nous leur riuerons bien leur clou, & leur dirons qu'il n'y a point de plus empeschez que ceux qui tiennent encor la queuë de la poesle, qu'on en est quitte à bon Marché quand on en pert encore que les arres, qui a beau se taire de l'escot qui rien n'en paye pour la bonne bouche, & qu'il est facile de reprendre, mais mal aisé de faire mieux, si bien que de ce costé là, nous en demeurons à deux de ieu, à bon chat, bon rat: s'il nous donne des pois, nous leur donnerons des febues, qu'en dites-vous Messieurs les Auditeurs, & vous mes Dames les Auditrisses, *motus* bouche cousuë, vous ressemblez le perroquet de M. Guillaume, qui ne dit mot, & n'en pense pas moins. Il est temps de parler, & temps de faire le tacet, *hoc verbo*, celuy qui ferme la bouche & se taist, n'est-ce pas bien parler à luy? c'est ce que va aussi faire *le scientifique & venerable Docteur Thesaurus*, en vous disant *valete & plaudite*, toutefois trois fois puis que en bonne compagnie il ne faut rien celer, & ny garder sur le cœur qui nous face mal, ie vous diray en deux mots à coupe cul, pour m'expliquer plus clairement, c'est que nous vous prions instamment de donner le silence, en recompense & contrechange dequoy trocq pour troq, à petits frais sans bourse deslier, ie vais querir mes compagnons, qui diront &

feroſt comme Robin fit à la dance ; du mieux qu'ils pourront, qui dit ce qu'il ſçait, & donne ce qu'il a, n'eſt pas tenu à d'auantage, ſi vous ne le voulez croire charbonnez-le, pour concluſion donc, ie vous dis que l'experience eſt maiſtreſſe de toutes les ſciences, *& experio crede roberto*: mais comme il n'y a ſi bonne cõpagnie qu'en fin ne ſe ſepare: Adieu, ſans Adieu, amour ſans regret, *valete, valetote, atque iterum valete.*

NOMS DES
ACTEVRS

LIDIAS, *Amoureux de Florinde.*
ALAIGRE, *Son valet.*
LES ASSISTANS DE LIDIAS.
PHILIPIN, *Valet du Docteur.*
FLORINDE, *Fille du Docteur.*
BERTRAND, *Voisin du Docteur.*
MARIN, *Autre voisin.*
CLABAVT, *Apprenty de Marin.*
LE DOCTEVR THESAVRVS.
ALIZON, *Sa seruante.*
MACEE, *La femme du Docteur.*
LE CAPITAINE FIERABRAS.
Quatre BOESMIENS voleurs.
VN ARCHER OV DEVX.
LE PAGE DV CAPITAN.

LA COMEDIE DE PROVERBES.

ACTE PREMIER.

SCENE PREMIERE.

LIDIAS, ALAIGRE, LES ASSISTANS, PHILIPIN, FLORINDE.

LIDIAS.

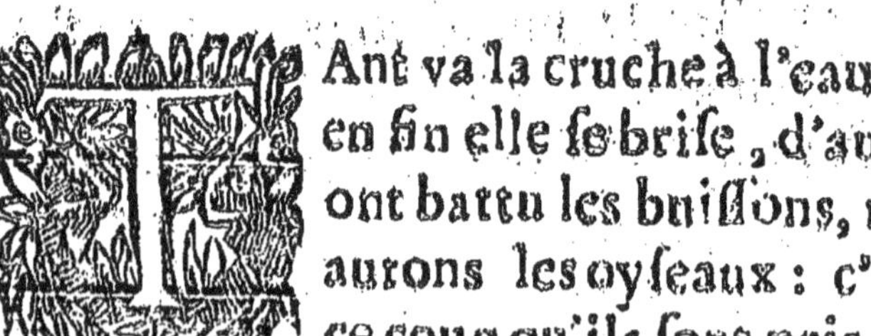

Ant va la cruche à l'eau que en fin elle se brise, d'autres ont battu les buissons, nous aurons les oyseaux : c'est à ce coup qu'ils sont pris, s'il ne s'enuolent, car la nuict qui est noire comme ie ne sçay quoy, nous aidera mieux à trouuer la pie au nid.

ALAIGRE.

Il eust mieux valu venir entre chien & loup, il fait noir comme dans vn four, à peine puis-ie mettre vn pied deuant l'autre: mais à propos de bottes, nous ne sommes pas loin de la maison de Florinde, qui nous guette à cette heure, comme le chat fait la souris.

LIDIAS.

Sus compagnons prenons l'occasion aux cheueux, vostre nez icy, vostre nez là, & en cas de resistance, mettez la main à la serpe, & frappez comme des sourds, la mere de Florinde dort à ceste heure comme vn sabot.

LES ASSISTANS.

Ca, ça, cela s'en va sans le dire.

LIDIAS frappe à la porte.

Ouurez l'huis m'amie, de par Dieu, & de par nostre Dame, si vous voulez estre nostre femme.

PHILIPIN regarde à la fenestre.

Qui va là, i'ay peur.

LIDIAS.

Ce ſont des amis de delà l'eau.

PHILIPIN.

Non eſt, ie ne vous cognoy non plus que l'enfant qui eſt à naiſtre.

LIDIAS.

Ouurez, ouurez, nous ſommes des amis de la fille de la maiſon.

PHILIPIN.

Dieu vous ſoit en aide, noſtre pain eſt tendre.

ALAIGRE.

Diable ſoit le gros ſouffleur de boudin, tant de diſcours ne ſont pas les meilleurs, ſus compagnons forçons la baricade.

ACTE I.

SCENE I.

PHILIPIN, ALAIGRE, LIDIAS, FLORINDE, LES ASSISTANS.

PHILIPIN.

AVx voleurs, aux voleurs, on nous tient pris comme dans vn blé, attendez, attendez rustres coureurs de nuict, ie m'en vais vous tailler de la besongne, çà, çà, à tout perdre, il n'y a qu'vn coup perilleux, aux voleurs, aux voleurs, on emmene ma maistresse, roide cõme la barre d'vn huits.

ALAIGRE.

Il faut mourir petit cochon, il n'y a plus d'orge.

PHILIPIN.

Prenez garde qui frapera du couteau, mourra de la guesne, au meurtre, au secours, on m'assassine comme dans vn bois.

Alaigre

ALAIGRE.

Tu ressemble l'Anguille de Melun, tu crie deuant qu'on t'escorche.

PHILIPIN.

Ah, ie suis blessé si les boyaux y auallent i'en mourray.

ALAIGRE.

Tu n'es pas ladre, tu sens bien quand on te pique.

FLORINDE.

Aux voleurs, à l'aide, secourez moy, on m'enleue comme vn corps sainct.

LIDIAS.

Tenez, mes amis, voila ce que les rats n'ont pas mangé, attendez-moy à la porte de la ville, mais non pas comme les moynes font l'Abbé.

LES ASSISTANS.

Cela vaut fait.

ALAIGRE.

Monsieur, nous mangerons du boudin, voila la grosse beste à bas.

LIDIAS.

Ce seroit dommage qu'il mourust vn Vendredy, il y auroit bien des tripes perduës.

ALAIGRE.

Mais encore en faut-il faire quelque chose, ou rien.

LIDIAS.

Fais-eñ des choux, ou des patez, & ne le gardes non plus que de la faulse monnoye.

ALAIGRE.

Ca, ça, ie m'en vais le mener par vñ chemin où il n'y a point de pierre.

LIDIAS.

Il y a vñ vielleux enterré là dessous, il a fait dancer vn lourdaut, releue toy, bon homme, & fuyons viste comme le vent, il vaut mieux vne bonne fuite, qu'vne mauuaise attēte: mais de quel costé tourne-tu ta iaquette, tu ressembles les Escoliers, tu prends le plus long, tu es estourdy comme vn aneton, mais chut, motus, la cane pont.

ALAIGRE.

Ho, ho, il est demain feste, les marmousets sont aux fenestres.

LIDIAS.

Prenons garde à nostre vaisselle, il n'y a si petit buisson qu'il ne porte ombre.

ACTE I.

SCENE III.

BERTRAND, MARIN, ET CLABAULT.

BERTRAND.

AVx voleurs, aux voleurs, on enleue la fille du Docteur, comme vn thresor, ie ne sçay si elle se mocque, ou si c'est tout de bon: mais elle crie comme vn aueugle qui a perdu son baston, helas! mon voisin, plus l'on va en auant, & pis c'est, il y a d'aussi meschantes gens dans ce monde, qu'en lieu où on puisse aller, on dit bien vray qu'vne fille est de mauuaise garde, & à bon iour, bonne œuure, aux bonnes festes se font les bons coups.

MARIN.

Helas! Iean mon amy, saimon ; car fille qui escoute, & ville qui parlemente, est à demy renduë, helas! ils enleuent Philipin comme vn corps mort: garçons, aux voleurs, aux voleurs, courez dessus, & frapez comme tous les diables : quoy? ie ressemble Monsieur de Bouillon, quand ie commande personne ne bouge.

BERTRAND.

Et eux fins les gros butors, il y fait chaud ils sont armez comme des Iacquemarts, & montez cõme des saincts Georges, il vaut mieux faire comme on fait à Paris, laisser pleuuoir, ie n'ay garde de m'y aller faire frotter.

CLABAVLT.

Allez-vous-y frotter, le nez au cul de ces gens là, que sçait-on qui les pousse.

BERTRAND.

Tu te feras plustost bailler vn coup de cuillier à la cuisine, qu'vn coup d'espée à la guerre.

MARIN.

Nous nous debatons de la chape à l'Euesque, ils ont fait desia hau le corps, iacquette de gris, ils vont du pied comme des chats maigres, & comme s'ils auoient le feu au cul, à la presse vont le fous, fils de putain qui y va.

BERTRAND.

Il est vray qu'il vaut mieux estre seul, qu'en mauuaise compagnie, pour trop gratter, il cuit aux ongles, qui garde sa femme & sa maison a assez d'affaires: mais ce pendant on s'estrangle, il est tard Iacquet, retirons-nous tretous ensemble, chacun chez soy, bon iour, bon soir, c'est pour deux fois, l'on crie demain des cotterets à Paris.

ACTE I.

SCENE IV.

THESAVRVS, ALIZON, MACEE, ET BERTRAND.

THESAVRVS.

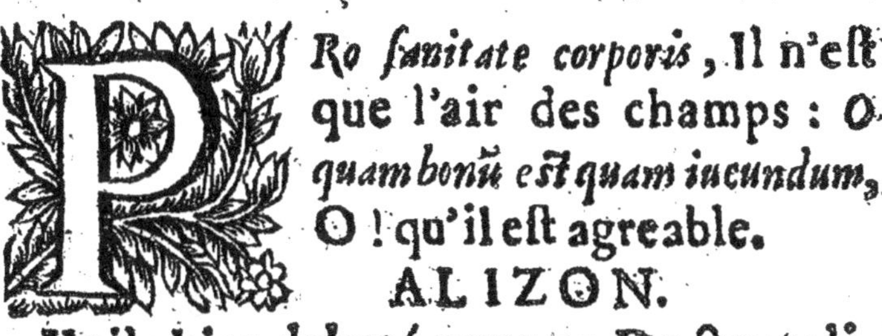

PRo *ſanitate corporis*, Il n'eſt que l'air des champs : O *quam bonũ eſt quam iucundum*, O ! qu'il eſt agreable.

ALIZON.

Voila bien debuté pour vn Docteur, dites pluſtoſt, pour la ſanté du corps, la chaleur des pieds, & à diray vray vn fol enſeigne bien vn ſage.

THESAVRVS.

C'eſt vouloir enſeigner Minerue, non ſans raiſon, l'on dit que parler à des ignorans, c'eſt ſemer des margueriettes deuant les pourceaux, va tu es vn animal indecrotable. *Iterumque dico animal & per omnes causus animal.*

ALIZON.

Pour du Latin ie n'y entends rien, mais pour du Gretz ie vous en caſſe.

THESAVRVS.

Deccora campi.

ALIZON.

Voyla du Latin de cuiſine, il n'y à que les Marmitons qui l'entendent.

THESAVRVS.

Ie t'ay preſché ſept ans pour vn Careſme: mais cela t'a paſſé en oreille d'Aſne.

ALIZON.

Parlez François, à bon entendeur ne faut qu'vne chartée de paroles: mais mon Maiſtre, ie m'auiſe en mangeant ma ſoupe de la chanſon que dit Clopin tu n'y ſçaurois aller.

THESAVRVS.

La pelle ſe mocque du fourgon: mais à propos de clopiner, par Ciceron c'eſt vne faſcheuſe monteure que la Haquenée des Cordeliers. Il m'eſt aduis que i'ay agporté le cloché de sainct Denis sur mes espaules, tant ie suis lassé & recru : si i'y retourne de la façon que l'on m'y fouette.

ALIZON.

Vrayment c'est mon, voila bien dequoy, il a fait en quinze iours quatorze lieuës: la pauure beste qu'elle est lasse, elle vient de sainct Denis: c'est bien employé: vous estes riche comme vn Iuif, & si : vous soupez dés le matin de peur de pisser au lict : plus auare qu'vn vaurien: on tireroit plustost de l'huile d'vn mur, que de l'argent de vostre bourse: quand on vous en demande, il semble que l'on vous arrache le cœur du ventre. Il ne tient pas à vous que nous ne fassions petites crottes. On ne sçait ce que vous estes, les vns disent que vous estes Grec, les autres Latin. Pour moy, ie dis que vous n'estes ny Grec ny Latin, mais vous estes vn peu Arabe.

THESAVRVS.

Là, là, Alizon, selon la iambe le bas, selon le bras la saignée : qui peu gaigne & bien depend n'a que faire de bourse à mettre son argent : à petit mercier, petit pannier : à petit trou, petite cheuille. Il faut faire petite vie, & qu'elle dure, & ne pas manger son blé en verd, ny son pain blanc le premier: qui va piane va sane, & qui va sane va lontane, qui va lontane va bene, petit à petit l'oyseau fait son nid, mille à mille fait le haubergun.

ALIZON.

Vous auez bien peur que terre vous faille, il ne vous en faut que six pieds. Si le Ciel tomboit il y auroit bien des allouëtes prises. Vous estes vn vray chicheface, & tout ce que ie vous dis autant vaudroit-il parler à vn Suisse, & se cogner la teste contre vn mur.

THESAVRVS.

Il est vray que l'on a beau prescher à qui n'a cure de bien faire. Ie suis ferme comme vn mur, & i'ay la ceruelle trop bien timbrée pour ne pas sçauoir ce que i'ay à faire.

Comme dit l'autre, ce qui est fait est fait.

ALIZON.

Ne deuriez-vous pas vous resiouyr quãd la barbe vous vient, & du vin pour la bonne année.

THESAVRVS.

Il ſera vert noſtre vin, nous n'en pourrons boire, & puis noſtre vigne reſſemble celle de la courtille, belle monſtre & peu de rapport : mais quand i'y ſonge, nous ſommes leuez de bon matin.

ALIZON.

Saimon, c'eſt pour baiſer le cul à Martin, de peur qu'il n'y ait preſſe : nos gens ſeront eſtonnez comme des fondeurs de cloches de nous voir à cette heure qu'on entendroit vne ſouris trotter par la ruë.

THESAVRVS frappe à la porte.

Femme, fille, Philippin, quelqu'vn de nos gens les mieux habilles, *attollite portas* au Docteur des Docteurs. Ils ſont morts, où ils dorment : mais ie crains que ce ne ſoit vn ſomme d'airain, & que ma femme ne ſoit allée au Royaume des taupes *& in terra.*

MACEE.

Qui va là ? Combien eſtes vous qui n'auez point mangé de ſouppe ? ſi vous eſtes ſeul, attendez compagnie.

ALIZON.

Chauſſez vos lunettes, & bayez par la

fenestre, & vous verrez que c'est le maistre.

THESAVRVS.

C'est le scientifique & venerable Docteur Thesaurus.

MACEE.

Vous vous leuez bien matin de peur des crottes.

ALIZON.

Qui a bon voisin à bon matin.

THESAVRVS.

Il a beau se leuer tard qui a le bruit de se leuer matin.

ALIZON.

Se leuer matin n'est pas heur, mais desieuner est le plus seur.

ACTE I.

SCENE V.

MACEE, THESAVRVS, BERTRAND, ALIZON.

MACEE.

VOus soyez le tres-bien venu, comme en vostre maison de l'Isle de Bouchar. A quoy est bon tout cela ? vous n'allez que la nuict comme le Moine bouris & les loups garous : on ne sçait comme vous auez la iambe faite : vous ne dormez non plus qu'vn lutin, & si vous ne laissez dormir les autres.

THESAVRVS.

Ho ho, vostre chien mord-il encore? Vous estes bien rude à pauures gens. Qui vous fait mal Macée, pour nous faire vne mine pire qu'vn excommuniement ? Vous vous estes leuée le cul le premier, vous estes bien engrongnée.

MACEE.

I'auons ce que i'auons, i'auons la teste plus grosse que le poing, & si elle n'est pas enflée.

THESAVRVS.

Ie vois à vos yeux que vostre teste n'est pas cuite; vous auez quelque diablerie. Il vous fait beau voir vn pied chaussé & l'autre nud : ne pouuiez vous faire venir ce marousle de Philipin, Philipin, de par Dieu ou de par le diable, sus debout, les chats sont chaussez : oüay, ils ont peur de payer, personne ne respond.

THESAVRVS.

Si ie vay là, ie vous feray faire le saut de crapaut.

MACEE.

Vrayement ie m'en vais luy donner son boüillon.

ACTE I.

SCENE VI.

ALISON, BERTRAND, THESAVRVS, ET MACEE.

ALISON.

HElas mon voisin, ou estiez vous durant la bagarre? les voleurs ont emmené vostre fille & Philipin. Ils ne le vouloient pas nourrir: car ils luy ont baillé plus de coups que de morceaux de pain. Ie ne sçay s'il en mourra, mais ils l'ont lardé plus menu que liéure en paste: morquoy nous fussions sortis mais les coups pleuuoient dru & menu comme mouches.

MACEE.

Mon mary, mon mary, tout est perdu, il

n'y a plus que le nid, les oyseaux s'en sont enuolez, nous sommes reduits au bissac, nous sommes venus à nid de chien, nous sommes volez, ruinez de fond en comble. Voila que c'est que de laisser des oisons & des bestes à la maison, & s'en aller comme vn matras desempané, sans regarder plus loin que son nez, & sans songer ny à cecy ny à cela.

THESAVRVS.

Les battus payeront l'amende, ceux qui nous doiuent nous demandent. Il est vray que ie suis plus malheureux qu'vn chien qui se noye, de m'estre fié à vne femme & d'auoir estably ma seureté sur vn sable mouuant. Me voila reduit au baston blanc & au saffran, le grand chemin de l'hospital : car ils n'auront laissé que ce qu'ils n'auront peu emporter. Me voila entre deux selles le cul à terre, plus sot que Dorie, plus chanceux qu'vn aueugle qui se rompt le col. Helas mon voisin ! i'ay perdu la plus belle rose de mon chappeau, la fortune m'a bien tourné le dos, moy qui auoit feu & lieu, pignon fur ruë, & vne fille belle comme le iour, que nous gardions à vn homme qui ne se mouche pas du pied, qui m'eust serny de baston de vieillesse & d'appuy à ma maison. S'il sçauoit ma desconuenuë, il seroit icy il y a long temps, ou en chemin pour leur tailler des croupieres : si le bon-heur nous en eust tant voulu qu'il se fust rencontré à la meslée, il en eust mangé six cens auec vn grain de sel.

ALIZON.

Sans compter les femmes & les petits enfans.

BETRAND.

Il n'a pas les dents si longues Helas mon voisin! il n'est pas si diable qu'il est noir, il eust eu assez d'affaires de iouër de l'espée à deux iambes, s'il y eust esté en personne ie croy qu'il n'en eust pas rapporté ses deux oreilles: s'il eust veu sortir vne goutte de sang, il eust esté plus pasle qu'vn foireux. Il fait assez du rodomont, & puis c'est tout. Pour moy il faut que ie vous confesse, encore que ie ne sois pas vn pagnotte, que i'ay pensé pisser de peur, & si ie ne les voyois que par la fenestre de mon grenier.

MACEE.

Vous estes aussi vn vaillant champion, ie ne m'en estonne pas : vous estes vn grãd abatteur de quilles, c'est dommage de ce que la caillette vous tient. Voila que c'est d'auoir de bons voisins, i'en sommes bien atoarnez, ils font des bons valets quand on n'en a plus que faire : mais à qui vendez-vous vos coquilles ? à ceux qui viennent de S. Michel.

BERTRAND.

Voila que c'est, faites du bien à vn vilain, il vous crachera au poin : poignez-le, il vous oindra : oignez-le, il vous poindra : graissez luy ses bottes, il dira qu'on les y brusle.

MACEE.

Vous en auez fait tout plein, mais c'est comme les Suisses portent la hallebarde, par dessus l'espaule. Au besoin on cognoist les amis. Bien, bien, c'est la deuise de Monsieur de Guise, chacun a son tour.

THESAVRVS.

Ma femme, le torrent de la passion vous emporte, vous auez fait la faute, & voulez que les autres la boiuent : mettez de l'eau dans vostre vin, il falloit que vous fussiez bien endormie pour ne pas entendre le sabbath de ces maudites gens là, il y a là du micq macq, on vous auoit mis sans doute de la poudre à grinper sous le nez, ou bien vous auiez du coton dans les oreilles, mais patience passe science, il ne faut point tant chier des yeux

MACEE.

Marchand qui pert ne peut rire, qui perd son bien perd son sang, qui perd son bien & son sang perd doublement.

THESAVRVS.

Les pleurs seruent de recours aux femmes & aux petits enfans. Mais cependant que nous nous amusons à la moutarde & à conter des fagots, les voleurs gaignent la guerite. Si faut-il sçauoir le cours & le long de cette affaire. Ie crains qu'ils n'ayent fait perdre le goust du pain à Philipin, & qu'il ne l'ayent enuoyé en Paradis en poste.

ALIZON.

Helas le pauure garçon ! s'il est mort Dieu luy donne bonne vie & longue.

THESAVRVS.

Mais Sire Bertrand, ces diables de rauisseurs n'auoient-ils pas vn nez au visage quand il vous ont donné si bien la fée?

BERTRAND.

Ie croy qu'ils sont du pays bas, car ils sont esgueulez.

ALISON.

Que vous en chaud qu'ils soient verds ou gris, il vaut autant estre mordu d'vn chien que d'vne chienne.

THESAVRVS.

Non pas, car en affaire d'importance il ne faut pas prendre sainct Pierre pour sainct Paul, de peur d'en mordre ses poulces; mais mon voisin, ne vous deffiez-vous point qui m'auroit ioüé ce iour là?

BERTRAND.

Ie ressemble le chiant-lict, ie m'en doute. Ce pourroit bien estre quelque amoureux transi qui vous auroit fait cette eschauffourée, car i'ay veu ces iours passez roder vn certain vert gallant autour de vostre maison.

MACEE.

Ie ne sçaurois m'imaginer qui nous a fait

cette escorne. Si Lidias estoit en cette ville, ie croirois bien que ce fust luy qui auroit mangé le lard.

ALIZON.

Helas le pauure ieune homme, il n'y songe non plus qu'à sa premiere chemise, il est bien loin s'il court tousiours.

MACEE.

Aga nostre chambriere, vous a-il donné des gages que vous parlez si bien pour luy. Vous mettez vostre nez bien auant dans nos affaires, meslez-vous de vostre quenoüille, & allez voir là dedans si i'y suis.

ALIZON.

Ie suis Marion, ie garde la maison. Si ie chausse ma teste, ie n'iray pas. I'e sçauons bien que ce n'est pas d'auiourd'huy que vous nous portez de la rancœur, baillez moy de l'argent pour acheter de la fillasse.

MACEE.

Tu n'as que faire d'aller aux halles pour auoir des responces, si tu m'échauffe la teste ie t'iray dourder à coups de poing. Allons, appellez vos chiens, que l'on emporte le nid aussi bien que les oyseaux.

ALIZON.

I'engraisse de coups de poing, i'en engraisse.

THESAVRVS.

Il est bien temps de fermer l'estable quand les cheuaux sont partis, toutesfois il ne faut pas ietter le manche apres la coignée. On dit qui croit sa femme & son Curé est en danger d'estre damné. Mais quelquefois les fols & les enfans prophetizent.

MACEE.

Chat eschaudé craint l'eau froide. Ce n'est pas tout de prescher, il faut faire la queste. Vous ne vous remuez non plus qu'vne espousée qu'on attourne, ny qu'vne poulle qui couue.

THESAVRVS.

Patientia vincit omnia, Paris la grande ville ne fut pas faite en vn iour.

MACEE.

Vous estes de Lagny, vous n'auez pas haste. Il faut battre le fer tandis qu'il est chaud, & les suiure à la piste, afin de les trouuer entre la haye & le bled.

THESAVRVS.

Ils auront ſonné la retraite,& tiré le long apres auoir fait cette caluacade, ils ſe ſeront mis à couuert de peur de la pluye, craignant qu'on ne leur donnaſt du croq en iambe, il ne faut rien precipiter: car il faut premierement faire vn procez verbal aux deſpens de qui il appartiendra, & la Iuſtice, qui leur monſtrera leur bec iaune, ſelon les vs & couſtumes en tel cas requis & accouſtumez, pour ne rien faire à l'eſtourdi qui nous puiſſe cuire, ils peuuent leur aſſeurer que ie bruſleray mes liures, ie perdray mon latin & tout mon credit, ou i'en auray la raiſon. Cependant allons voir ſi noſtre maiſon eſt encore en ſa place. Adieu ceans Sire Bertrand.

BERTRAND.

Dieu vous doint bonne encontre Iean, ie prie Dieu qu'il vous conſole, & vous donne à ſoupper vne bonne ſaulé. Pour moy ie m'en vais dans ma boutique tirer le diable par la queuë.

ACTE I.

SCENE VII.

LIDIAS, FLORINDE, ALAIGRE, PHILIPIN.

LIDIAS.

ET bien ma fille, nous leur en auons bien baillé d'vne.

PHILIPIN.

Et moy fin de vous prendre, puis qu'on ne vouloit pas vous donner. Au reste vous ne vous en repentirez ny tost ny tard, ie suis de ceux qui bien aiment & tard oublient. Ie vous le iure par tous les Dieux ensemble, apres cela il n'y a plus rien, que ie vous seray plus fidelle que le bon chien n'est à son maistre, & que ie vous cheriray comme mes petits boyaux, & vous conserueray comme la prunelle de mon œil: soyez en aussi asseurez comme il n'y a qu'vn Soleil au Ciel. Si ie me pariure iamais, ie veux estre reduit en poudre tout presentement.

ALAIGRE.

Il faut le croire, il n'en voudroit pas iurer. Ce qu'il nous dit est aussi vray comme il neige boudin.

FLORINDE.

Ie vous crois comme vn oracle, & vous seriez vn vray barbare, & plus traistre que Iudas, si vous faisiez autrement. Si i'eusse creu que vous en eussiez voulu abuser, ie ne vous eusse pas tant donné de pied sur moy: mais parlons vn peu de nostre leuée de bouclier, nos gens sont bien camus.

ALAIGRE.

Mon maistre, ils sont aussi estonnez que vous seriez s'il vous venoit des cornes à la teste.

LIDIAS.

Taisez-vous Alaigre, vous estes plus sot que vous n'estes grand, & plus fol qu'vn ieune

ieune chien, si vous faites le compagnon, ie vous donneray de la hastille.

PHILIPIN.

Il est vray, Alaigre, tu fais tousiours des compatitudes & similiaisons qui n'appartiennent qu'à toy. Il faut qu'vn seruiteur ne se ioüe à son maistre non plus qu'au feu: tu ne sçais pas ton pain manger, fais comme moy qui vais tout rondement en besongne, & apprends que pour bien seruir & loyal estre, de seruiteur on deuient Maistre.

ALAIGRE.

Le gros nigaut, il est aussi fin qu'vne dague de plomb: & si le voyez-vous, il se quarre comme vn poux sur vne galle. Tu t'amuse à siffler, tu ne seras pas Preuost des Marchands.

LIDIAS.

Taisez-vous enfans, vous aurez trop de caquet, vous n'aurez pas ma toile: mais viença Philipin, tu en as bien donné à nostre Docteur & sa femme auec ta feinte c'est iustement leur auoir donné d'vne vessie par le nez.

PHILIPIN.

Ils peuuent bien iouer au ieu de ...

tenons : ie crois qu'ils ne nous promettent pas poire molle : i'ay bien fait croire aux voisins que des vessies sont des lanternes : mordiable ils croyent maintenant qu'il n'y a plus de Philipin pour vn double. Ils sont bien du guet, mort non pas la vessie pleine de sang a bien ioüé son ieu, quād Alaigre la percée au lieu de mon ventre: mais s'il eust pris Gautier pour Guarguille i'en aurois belle Verdasse.

ALAIGRE.

Il eust fallu dire febé, pour qui est-ce, c'eust esté pour toy.

FLORINDE.

Là là mon pauure garçon, qui bien fait bien trouue, & qui biē fera bien trouuera.

ALAIGRE.

Ou l'Escriture mentira.

FLORINDE.

Vn bien fait n'est iamais perdu. Tout vient à poinct qui peut attendre. Mon cher Lidias se mangeroit plustost les bras iusques au coude quand on luy fait vn plaisir grand comme la main, qu'il n'en rendist long comme le bras.

LIDIAS.

Philipin, tu peux t'asseurer de ce que te dit ma Florinde comme si cela estoit, autant vaudroit que tous les Notaires y eussent passé, ce que nous te disons n'est pas de l'eau benitte de Cour.

ALAIGRE.

Philipin, autant de frais que de sallé, ce qu'on te promet n'est pas perdu.

PHILIPIN.

Vous n'auez qu'à commander, ie me mettrois en quatre, & ferois de la fausse monnoye pour vous : ie prendrois la lune auec les dents, ie ferois de necessité vertu pour vostre seruice. Ie vous aime mieux tous deux qu'vn berger ne fait vn nid de tourterelle à cause de luy pour l'amour d'elle. Morgoine, ie suis vn homme qui n'est pas de bois, & qui sçay rẽdre à Cesar ce qui est à Cesar. Ie fais cas des hommes de qualité plus que d'vne pomme pourrie & que d'vn chien dans vn ieu de quille.

ALAIGRE.

Tu fais des comparaisons bien sangrenuës, & si rudes en filles comme crottes de cheures. Il te faudroit vn petit bout de chandelle pour t'esclairer à trouuer tout ce que tu veux dire où il n'y a ny bon enuers ny bon endroit. Il vaut mieux se taire que de mal parler : tu es bien-heureux d'estre fait, on n'en fait plus de si sot.

PHILIPIN.

Ouye, il semble à t'entendre que ie sois vn huistre en escaille ou quelque sot qui parle à bricq & à bracq, aga à mocqueur la mocque, à bossu la bosse, & à tortu la torse: tu es vn beau frelempier, c'est bien à toy à qui i'en voudroye rendre compte : ie crois que tu as fait ton cours à Asnieres, c'est là où tu as laissé manger ton pain à l'asne, c'est là où tu as appris ces beaux pieds de mouche & ces beaux y Gregeois : tu es vn sçauant Prestre, tu as mangé ton breuiaire. Aga tu n'es qu'vn sot, tu seras marié au village. Il n'y a que trois iours que tu es sorty de l'hospital, & tu veux faire des comparaisons auec les gueux : Si tu estois aussi mordant que tu es reprenant, il n'y auroit crotes dans ces champs que tu n'allasse esté estant.

ALAIGRE.

Mais gros bouse-trippe, il me semble

que vous prenez bien du nort. Ie te conseille de ne point tant empiler si tu ne veux que ie te donne cinq & quatre la moiti' de dixhuit.

PHILIPIN.

Ouye, ie te bailleroye rafle de six & trente en trois cartes. Si tu y auois seulement pensé, ie ferois de ton corps vn abreuuoir à mouche, & te montrerois bien que i'ay du sang aux ongles.

ALAIGRE.

Ie le crois, mais c'est d'auoir tué des poux.

LIDIAS.

La paille entre deux, sus la paix à la maison, ie n'aime pas le bruit si ie ne le fais. Ie veux que vous cessiez vos riottes, & vous soyez comme les deux doigts de la main. Alaigre, vous faites le Iean fichu l'aisné, & vous vous amusez à des coquesigruës & des balinernes. Ie veux que vous vous embrassiez comme freres, & que vous vous accordiez tous deux comme larrons en foire, & que vous soyez camarades comme cochons.

ALAIGRE.

Il eſt bien-heureux qui eſt Maiſtre, il eſt valet quand il veut.

PHILIPIN.

Ie croy que tu as eſté au grenier ſans chandelle, tu as apporté de la veſſe pour du foin.

ALAIGRE.

Tu n'y entens rien, c'eſt que i'ay tué mon porceau, ie me ioüe de la veſſie. Ho groſſe balourde, ne ſçais-tu pas que qui veut viure longuement il faut bailler à ſon cul vent?

PHILIPIN.

Ouy, mais pour viure honneſtement, il ne faut veſſir ſi puant.

LIDIAS.

Accordez vos fluſtes encor vn coup, & changez de notte. Reuenons à noſtre premiere chanſon, que diſoit-on en mon abſence? on me preſtoit belles charites; au moins ie crois qu'on n'oublioit pas à me tenir ſur le tapis, & à mettre en auant que ie diſois comme le renard des meures, quand ie fis courir le bruit que l'amour ne me trottoit plus dans le ventre, & que ie ne me ſouciois ny des rets ny des tondus. Ie crois mon cœur, que cela fut cause qu'on ne vous serroit plus tant la bride.

FLORINDE.

Il est vray que vostre absence faisoit parler de vous tout au trauers des choux. Mon pere entr'autre ne m'en rompoit plus tant la teste, parce qu'il croyoit que toutes nos affections fussent esuanouyes, & que nous eussions planté l'amour pour reuerdir. Bref, on ne songeoit plus qu'à rire, & me donner à ce grand franc taupin de Capitaine qui me suiuoit comme vn barbet ! & ie ne m'en fusse iamais depestrée sans cette contre mine, de laquelle on ne se doutoit non plus si le Ciel eust deu tomber.

PHILIPIN.

On vous auoit mis aux pechez oubliez on ne songeoit non plus à vous que si vous n'eussiez iamais esté né, & nostre Docteur estoit plus aise qu'vn pourceau qui pisse dans vn son de ce qu'on disoit que vous auiez plié bagage, car il croyoit iamais n'estre depatrouïllé de vous. Il escarpinoit auec ſa robbe trouſſée de peur des crottes.

ALAIGRE.

Saute crapaut, voicy la pluye.

PHILIPIN.

Mais il ne ſongeoit pas qui rit le Vendredy pleure le Dimanche.

ALAIGRE.

Il rit aſſez qui rit le dernier.

PHILIPIN.

Saimon, ie croy qu'il ſe gratte bien maintenant où il ne luy demange pas. Il rit iaune comme farine, & vous dit bien la patenoſtre de ſinge, mais morgoine il ne vous tient pas, ce n'eſt pas pour ſon nez m'en cul, ny pour ce grand malautru de Capitaine qui croyoit tenir Florinde comme vn pet à la main. Il peut bien la ſerrer, & dire qu'il ne tient rien. Il a beau s'en defripper, il n'a qu'à s'en torcher le bec.

ALAIGRE.

C'eſt vn bon fallot, le morceau luy paſſera bien loin des coſtes.

FLORINDE.

Pour moy ie ne ſçay comme mon pere eſt coüeffé de cet aualleur de cherrettes des ferrées. Quelques vns diſent qu'il eſt

aſſez

assez auenant : mais pour moy ie le trouue plus sot qu'vn panier percé, plus effronté qu'vn page de Cour, plus fantasque qu'vne mulle, meschant comme vn asne rouge, au reste plus poltron qu'vne poule, & menteur comme vn arracheur de dents.

LIDIAS.

Vous dites là bien des vers à sa loüange.

FLORINDE.

Pour la mine, il l'a telle quelle, & sur tout il est delicat & blond comme vn pruneau relaué, & la bourse il ne la pas trop bien ferrée de ce costé là, il est sec comme vn rebec, & plus plat qu'vne punaise.

ALAIGRE.

Et puis apres cela, allez-vous-y fourrer.

PHILIPIN.

Elle dit vray, il est plus glorieux qu'vn pet, & ce drolle là n'en feroit pas vn a moins de cinq sols, quand il rit les chiens se battent, il est quelquefois rebiffé comme la poule à gros Iean, & à cette heure là il faut estre grand Monsieur pour auoir vn pied de veau.

LIDIAS.

Vous le tenez bien au cul & aux chausses, les oreilles luy doiuent bien corner: mais c'est assez le draper en son absence, laissons-le là pour tel qu'il est.

ALAIGRE.

S'il en veut dauantage, il n'a qu'à en aller chercher: s'il n'est cõtent de cela, qu'il prenne des cartes: aussi bien il est bon a iouër au berland, il a tousiours vn asé caché sous son pourpoint.

LIDIAS.

Ce n'est pas tout, il ne faut pas demeurer icy planté comme des eschallats, il faut faire gille pour trois mois, & ne point reuenir que nous n'ayons r'enmanché nos flustes & consommé nostre mariage, s'ils nous viennent chercher sur nostre paille, nous leur monstrerons qu'vn coq est bien fort sur son fumier, & que chacun est maistre en sa maison.

ALAIGRE.

Il faudra que ce croquant de Capitaine ait de bõnes mitaines pour en approcher: il est fort mauuais, il a battu son petit frere: ie n'ay pas peur qu'il luy prenne enuie de courir apres son esteuf, car il y a plus de six mois qu'il a vendu son cheual pour auoir de l'aupine, si bien que s'il est bottifié, c'est pour coucher à la ville, & pour piquer les boucs. Ie vous iure que ie n'auray pas la puce à l'oreille, & ne m'en leueray pas plus matin.

PHILIPIN.

La beste a raison, il la faut meñer à l'estable, mais parlõs vn peu d'affaire, il faut desgueniller d'icy, il n'y fait pas si bon qu'à la cuisine, quand le Soleil est couché il y a bien des bestes à l'ombre.

ALAIGRE, parlant au violon.

Soufflez Menestrier, l'espousee vient.

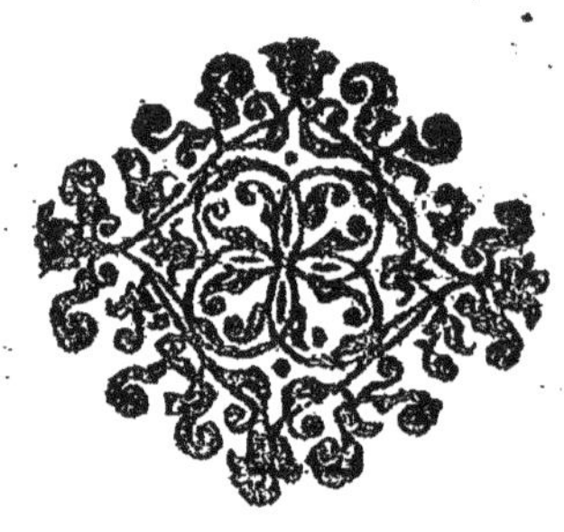

LA COMEDIE DE PROVERBES.

ACTE SECOND.

SCENE PREMIERE.

LE CAPITAINE FIERABRAS, ALIZON, ET LE DOCTEVR.

LE CAPITAINE.

PAuure Docteur Thesaurus, ie te plains bien, mais ie n'ay rien à te donner : si tu n'auois la caboche bien faite, tu serois desia à Pampelune: tu as receu vn terrible reuers de fortune, tu as perdu le ioyau plus precieux de ta maiſon ſans l'auoir ioüé, & le tout par vn tour de ſoupleſſe que ta fille t'a fait, ayant laiſſé prendre vn pain ſur la fournée par vn qui ne ſeroit pas digne de ſeruir de goujat à vn qui ſe ſentiroit trop heureux de me torcher les bottes. Ah Florinde qui en ſe caſa peramores malos dias y buenas noches : Ouy, ouy Florinde, tu l'eſprouueras que qui ſe marie par amourette a vne bonne nuict, mais de mauuais iours : tu m'as bien baillé de la gabatine, & fait vn tour de femme apres m'auoir promis monts & vaux : *Ah que de la malé mugar te garda y de la buena no ſi it nada* : toutesfois que di-ie Florinde, ie te fais tort de croire que tu aye fait breche à ton honneur, tu es poſſible dans la gueulle des loups, & quelque part plus morte que viue, & toy auſſi pauure frere plus triſte qu'vn bonnet de nuict ſans coiffe, tu es plus caiois qu'vne chatte qui trouue ſes petits chats morts, plus dolent qu'vne femme mal mariée, bref plus deſolé que ſi tous tes parens eſtoient treſpaſſez, il faut bien à cette heure que la conſtãce te ſerue d'eſcorte & de bouclier. Ie ſçay bien, c'eſt dans la neceſſité que les vrais amis se monstrent où ils sont : c'est pourquoy ma langue aussi bien esguisée que mon espée, va dire & faire tout ensemble au Docteur Thesaurus que ie suis le Roy des hõmes, le Phenix des vaillans que i'extermineray & mettray à iambrebridaine tous ses ennemis, & que ie chiquetteray pour son seruice tout ce qui se rencontrera plus menu que chair a pasté. De l'abondance du cœur la bouche parle, à grands Seigneurs peu de paroles, moy qui suis plus vaillant que mon espée, ie le vais asseurer que pour vn amy l'autre veille. Me voyci proche de son hostel, hola ho.

ALIZON.

Qui va ladre là?

FIERABRAS.

C'est le vaillant Fierabras, General des Regiments de Tartarie, Moscouie, & autres.

ALISON.

Dites des Regimens du port au foin, de Pouilly, & autres. Ha, ha, c'est dont vous, ce n'est pas grād cas, attendez si vous voulez, ou bien allez-vous-en à l'autre porte, on y donne des miches : toubeau ne rompez pas nostre porte, elle a cousté de l'argent.

FIERABRAS.

A tous Seigneurs tous honneurs, beste brute, voila bien nicqueter, c'est trop niueler, il n'est pire sourd que celuy qui ne veut pas entendre c'est le Capitaine Fierabras, & machefer, cela te suffise, ouure sans tant de babil, & ne m'eschauffe pas la ceruelle que tu n'en trouue mauuaise marchande : prends-y garde, & que ie ne t'enuoye à Mortagne ou à Quancalle pescher des huistres.

ALIZON.

Vos fiéures quartaines à trois blancs les deux : tout beau encor vn coup de par Dieu ou de par le diable. Dieu nous soit en aide, puis qu'il le faut dire, vous faites plus de bruit qu'vn cent d'oyes, & si vous estes tout seul. Vous estes bien hasté, & si personne ne vous presse. Monsieur, venez vistement parler au Capitaine Fierabras, il rompra tout si on ne le marie.

ACTE II.

SCENE II.

FIERABRAS,
THESAVRVS,
ALIZON.

FIERABRAS.

DIeu soit ceans, & moy dedans, & le diable chez les Moines.

THESAVRVS.

Seigneur Capitaine à vous & aux vostres fussiez vous vn cent encore vn coup en despit des enuieux. Il faut que ie vous embrasse bras dessus bras dessous, & bien quel bon vent vous meine.

FIERABRAS.

Les vents ne me meinent pas, car ie vay plus viste à pied qu'ils ne vont à cheual, quand il est question de vous voir, vole n'escroque & n'emprunte que mō haleine pour souffler dans les oreilles des hommes & des enfans, que ie suis la terreur de l'vniuers, l'honneur des pucelles, & le massacreur du vautour qui m'a rauy la proye que vous me gardiez.

ALISON.

On vous la gardoit dans vn petit pot à part.

FIERABRAS.

Et pour cela ie vous suis venu dire qu'il faut vous armer des armes de la patience. Pour moy ie me veux vestir de celles de la vengeance contre ceux qui vous ont tolli & emblé vostre fille. Mes trouppes en batailles, & le bruit que ie feray armé de pied en cap & iusques aux dents, les espouuentera comme estourneaux, ou bien leur donnera des aisles aux tallons pour les faire reuenir plus viste qu'vn trait d'arbalestre vous ramener le thresor qui ne peut estre estimé ne cognu que par le furieux & terrible Fierabras. Quand i'appris cette nouuelle, i'en deuins si eschauffé dans mon harnois, que ie pensay perdre cette race ou mégnie d'Archambaut, plus il y en a moins elle vaut. I'estois si bouffi de colere que ie pensay creuer dans mes paneaux quand ie sceus qu'ils auoient gaigné les champs, ou Dieu me damne.

ALIZON.

Il en deuient si constipé, qu'il n'en pouuoit pisser ny fineter.

FIERABRAS.

En fin iamais homme ne fut plus eboby que moy, ny plus resolu de nous vanger tous deux: c'est pourquoy ie suis venu sans dire ny qui a perdu ny qui a gagné, pour vous offrir l'or & les richesses qui ne me manquent non plus que l'eau en la riuiere. Pour le courage, la valeur & la force.

ALIZON.

Il en est fourni comme de fil & d'aiguille.

FIERABRAS.

Faites de moy comme des choux de vostre iardin, i'employeray le verd & le sec pour vous; ie ne suis point de ces especes de chianbraye, qui n'ont que du caquet, & qui n'ont point de force qu'aux dents. Ie t'ay bien monstré où gist le liéure, ie sçay bien où il faut appliquer le courage que ie feray pareſtre cõme le clocher ſur l'Egliſe : quand il ſera temps ie les attaqueray d'eſtoc & de taille, de cul & de pointe, de bec & de griffe, à meſchant meſchant & demy.

THESAVRVS.

Quand à cela, vous ne ſçauriez mieux dire ſi vous ne recommencez : vous n'en parlez pas comme vn Clerc d'armes, mais comme vn hõme qui en a bien veu d'autres, ceux là ne vous feroient pas veſſir de peur, comme dit noſtre voiſin Iean Dadais, il n'eſt que d'auoir du courage, car qui ſe fait brebis le loup le mange, vous n'en auez pas moins qu'vn lion.

FIERABRAS.

Ces brigands, ces chercheurs de barbets & de midy à quatorze heures quels qu'ils ſoient ſous la callotte du Ciel, fuſſent-ils aux Antipodes ou dans les entrailles de la terre, ils ſeront bien cachez ſi ie ne les trouue. Ie leur monſtreray bien à tourner au bout, & à qui ils ſe iouënt, ils n'ont pas affaire à vn faquin, ils verront de quel bois ie me chauffe, le veulent ou non, ils paſſeront par mes pattes, ie leur feray sentir ce que pese mon bras, je les chastieray si bien & si beau, qu'on n'en entendra ny pleuuoir ny venter: quand ils seroient tous de feu, & qu'ils auroient la force de Samson & le courage d'Hercules qu'ils seroient des Poliphemes, des Achilles, des Hectors, des Cirus, des Alexandres, des Annibals, des Scipions, des Cesars, des Pompées, des Rolands, des Rogers, des Godefroy de Boüillon, des Roberts le diable, des Geofroy à la grand dent, tous aussi grands que des Gargantuas & des Briarées à cent bras, vn seul des miens les tuera comme des hanetons, & ne dureront deuant moy non plus que feu de paille.

ALIZON.

Et qu'vne fraize dans la gueulle d'vne truye. Il y va de cul & de teste comme vne corneille qui abbat des noix. O le grand casseur de raquette! le grand rompeur d'huis ouuerts, le grand depuceleur de nourrice; il est vaillant, il a fait preuue de sa valeur, des armes de Cain, des machoires, le voyez vous ce Capitaine plantebourde.

FIERABRAS.

Seigneur Docteur, ce que je vous

dis ne sont point des comptes de la cicoigne.

ALIZON.

Ce qu'il dit est vray comme ie file, c'est vn bon Gentilhomme, il est fils de pescheur, noble de ligne.

FIERABRAS.

Et vous le verrez pluttost que plus tard, plustost auiourd'huy que demain, ie les feray renoncer à la triomphe, & coucher du cœur sur le carreau: il en faut depestrer, le monde, la garde n'en vaut rien, car telles gens valent mieux en terre qu'en pré: ils ne font que traisner leur lien, en attendant que ie me iette sur leur fripperie, & que ie les iette si haut, que la region du feu les reduira en cēdre en moins d'vn tourne main.

THESAVRVS.

Par Ciceron vous valez mieux que vostre pesant d'or: car vous faites l'office d'vn vray amy de venir sans estre mandé, c'est estre venu comme tabourin à nopces, & faire en persoune ce qu'vn autre feroit par Procureur: mais pour vn poinct mettre ablatiuaux tout en vn tas & ne rien cōfondre, il ne faut pas tant faire de bruit, ce ne sont des abeilles, on ne les assemble pas au son d'vn chauderon.

ALIZON.

Ils sont bons cheuaux de trompette, ils ne s'effrayent pas pour le bruit, tel menace qui a grand peur, Maistre Gouin est mort, le monde n'est plus gruë.

FIERABRAS.

L'on verra que deuant qu'il soit trois fois les Roys ie les mettray au *benigna*.

ALIZON.

Vous nous donnez le Caresme bien haut, le terme vaut l'argent, il n'y aura plus en ce temps là ny beste ny gens.

FIERABRAS.

Le sang me monte au visage, il me boult dans le corps de ne pouuoir dés à present mettre la griffe sur eux. I'entre en telle colere.

ALIZON.

Qu'il en tueroit vn Mercier pour vn peigne. O le grand fendeur de nazeaux.

THESAVRVS.

Ne fumetis. Domine.

ALIZON.

Il est en colere, la lune est sur bourbon.

THESAVRVS.

Il ne faut pas que la colere vous emporte du blanc au noir, & du noir au blanc. Vous estes trop chaut pour abreuuer, ce seroit tomber de fiéure en chaut mal, il faut aller au deuant par derriere, & vous conseruer comme vne relique, nous auons affaire de vous plus d'vne fois, il ne faut pas tout prendre de volée, & ioüer à quitte ou à double, ce seroit trop hazarder le paquet, en danger de tout perdre & tomber de Caribde en Sila, c'est à dire, qu'il faut allerdoucement en besongne. Croyez moy, & dites qu'vne beste vous l'a dit.

FIERABRAS.

Vostre conseil n'est point mauuais, il y en a de pires: il vaut mieux les laisser venir se prendre au tresbuchet, ils feront comme les papillons, ils viendront d'eux mesmes se brusler à la chandelle. Ie leur veux tendre des filets, où ils se viendront prendre comme moineaux à la glüë. Lors ie les traiteray en enfans de bonne maison, ie les espouseray & estrilleray sur le ventre & partout, & en attendant ie vous prie de dormir à la Françoise, & moy ie veilleray à l'Espagnole.

ALIZON.

Vous dites d'or, & si vous n'auez pas le bec iaune. Allez de là, & moy deçà, & nous verrons qui les aura.

ACTE II.

SCENE III.

LIDIAS, FLORINDE, PHILIPIN, ALAIGRE,

LIDIAS.

EN fin chere Florinde, nous sommes plus heureux que sages, d'auoir cueilly la rose parmi de si dangereuses espines: aussi est-ce dans les plus grands perils que l'on fait cognoistre ce qu'on a dans le ventre. On dit bien vray quand on dit que il ne faut pas vendre sa bonne fortune, &

que iamais honteux n'eut belle amie : car qui ne s'auenture n'a ny cheual ny mulle. Ainsi les plus honteux le perdent : mais pour rentrer de pique noire, parlons de nostre Capitaine, ie luy ay bien passé la plume par le bec, il a beau maintenant escouter s'il pleut.

FLORINDE.

Il est vray que nous auons bien ioüé nostre roolle, mais quand i'y songe, il estoit tout ieune & ioyeux de croire se pouuoir mettre en mes bonnes graces qui estoient à la lessiue pour luy. Vrayement mes affections estoient bien vouées à d'autres Sts: que ie suis heureuse mon cher Lydias: que ce grand embaleur là me lanternoit, il me sembloit que i'estois à la gehenne lors que il me rompoit les oreilles de son caquet, & cependant le respect que ie portois à mon pere qui le perdoit, me forçoit de l'amadouer & l'entretenir en abboyes le bec en l'eau, Il masche biẽ à cet heure son frein. Mais tirons pays, cher Lidias, de peur qu'il ne nous ioüe quelque tour.

PHILIPIN.

Et dequoy auez vous peur? n'auez-vous pas monté sur l'ours?

pas monté sur l'ours?

LIDIAS.

Il n'oseroit me regarder entre deux yeux, & ne sçauez vous pas que ie suis vn Richard sans peur, & que ie ne crains ny loup ny liévre s'ils ne vollent, ie ne le redoute ny mort ny vif: c'est vn habille homme apres Godart : mais ie suis fort en impatience d'Alaigre, que nous auons enuoyé pourmener pour auoir des chausses, & espionner en quels termes vostre pere & nostre Capitaine nous tiennent. Il y aura apres demain trois iours qu'il est party, & il ne nous en apporte ny vent ny nouuelle : sans doute il se sera amusé à siffler la rostie le coquin, il ne songe pas plus loin que son nez.

PHILIPIN.

Mais cependant la gueule me rabaste, il semble à mon ventre que le diable à emporté mes dents.

FLORINDE.

Cela est estrange que tu sois tousiours sur ton ventre.

PHILIPIN.

Vous m'excuserez, ie suis sur mes deux pieds comme vne oye, il y a pour le moins trois heures que le masche à vuide, & que i'aualle le suc de nos brides que ie tiens dans le sac : il n'est pas feste au Palais, mes dents veulent trauailler.

FLORINDE.

Ie crois que tu ne sçaurois estre vn moment sans auoir le morceau au bec.

LIDIAS.

Philipin, prends courage, tu verras tantost qu'il fait bon porter le fardeau d'Esope, on s'en descharge par les chemins.

PHILIPIN.

Ie sçay bien qu'il n'est rien tel que de faire prouision de gueule : ce n'est pas d'auiourd'huy que i'ay ouy dire que beatis garnitis vaut mieux que beatis coron. Mais mordiable, cela n'empesche pas que ie n'aye des grenoüilles dans le ventre, mes boyaux crient vengeance.

LIDIAS.

Attend que Alaigre soit venu de battre la semelle.

PHILIPIN.

Ie sçay bien que si Alaigre ne viens bien tost, ie le passeray maistre. Pour vn Moine on ne laisse pas de faire vn Abbé,

LIDIAS.

Quand on parle du loup on en voit la queuë.

FLORINDE.

Le voila comme si on l'auoit mandé, il vient de loin, il est bien eschauffé, il luy faut vne chemise blanche.

LIDIAS.

Il a fort bon courage, mais les iambes luy faillent.

PHILIPIN.

Monsieur soufflez luy au cul, l'haleine luy faut, parlez à haut visage, que dit-on de la guerre? le charbon sera-il cher?

LIDIAS.

Et bien Alaigre le Docteur est-il aussi mauuais qu'il a promis à son Capitaine? Ie croy qu'ils ne feront que de l'eau, encore sera-elle toute claire.

ALAIGRE.

Tout est calme, ils ont callé leurs voiles, pour ne sçauoir pas de quel costé vous auez pris vos brisées, ny quelles gens leur auoient ioué cette trasse, tant y a qu'ils ont mis leur procedure au croc, en attendant le temps de faire haro sur vous & sur vostre beste mon Maistre.

LIDIAS.

Vous faites le sot, Alaigre, mais ie vous bailleray ce que vous ne mangerez pas.

ALAIGRE.

Vous m'obligeriez beaucoup plus de me donner ce que ie mangeray bien, car ie suis affamé comme vn loup.

LIDIAS.

Ie sçay bien que tu es affamé comme vn chasseur qui n'a rien pris; mais tandis que Philipin estendra nos bribes sur l'herbe, dis moy vn peu si tu as veu ce mangeur de petits enfans.

ALAIGRE.

Si ie l'ay veu vrayment, ie vous en responds, & si i'ay eu belle rescappée: car i'ay pensé estre gratté depuis Miserere iusques à Vitulos. I'ay rencontré ce croquant de Capitaine à grands ressorts au milieu de la ruë cõme vne statuë de marbre: il ne remuoit ny pieds ny mains, non plus qu'vne souche, tenãt sa grauité comme vn asne qu'on estrille, ou comme vn

Espagnol à qui on donne le chiquin. I'allois mon grand chemin sans songer ny à Pierre ny à Gautier, comme i'ay passé aupres de luy plus malicieux qu'vn vieux singe il m'a tendu sa grand iambe d'allouëtte, & m'a fait donner du nez en terre : puis me regardant comme vn chien qui emporte vn os, il me dit, bon, bon, tu as le nez cassé, ie ne demandois pas mieux : enfin moy qui ay esté aussi tost releué qu'vn bilboquet, ie luy ay dit, Ry Iean, on te frit des œufs i & voyant qu'il me faisoit la mouë, ie l'ay appellé gros bec, il a mangé la pesche, chien de filoux, preneur de tabac, & luy ay demandé en demandant pourquoy il m'empeschoit de passer mon chemin ? Il m'a respondu se quarrant comme vn pourceau de trois blancs qui a mangé pour vn carolus de son, qu'il ne vouloit rendre conte à personne, & qu'il estoit sur le paué du Roy : mais moy qui me voulois fondre en raison comme vne pierre au Soleil, ie luy ay dit tout cecy, tout cela, par cy par là, bredit bredat, choses & autres, les plus belles du monde, & enfin qu'il ne deuoit faire à autruy que ce qu'il vouloit qu'on luy fist. Là dessus il m'a appellé Grimaut, le pere au diable, il m'a menacé de me grater où il ne me demangeroit pas, de me donner mornifle, & que si ie ne m'esloignois de luy plus d'vne lieuë à la ronde, il nettoiroit ma cuisine. Vrayment vrayment il n'a pas eu affaire à maupiteux, ie luy ay bien riué son clou, & luy ay bien monstré que quand il pense son cheual, ils sont deux bestes ensemble, car ie luy ay dit bien & beau qu'il n'estoit qu'vn gros veau: que i'estois à vn visage qui n'estoit pas de paille; qu'il luy faisoit bien la nique & luy gardoit quelque chose de bon: que s'il prenoit ma querelle, il luy feroit rentrer ses paroles cent pieds dans la ventre, & luy feroit petrer le boudin, & luy donneroit vne Prebande dans l'Abbaye de Vatan. Alors vous entendant nommer, il a plus vomi d'iniures contre vous qu'il ne passe de gouttes d'eau sous vn moulin, & vous a donné à plus de diables qu'il n'y a de pommes en Normandie.

LIDIAS.

Ce qu'il dit & rien c'est tout vn, ie ne m'en mets pas dauantage en peine, pour fuis ta pointe feulement.

ALAIGRE.

Il ne m'en dit ny plus ny moins : car quand ie le vis en fougue, ie le plantay là, & m'en fuis venu le grand galop la gueulle enfarinée.

LIDIAS.

Voila Monfieur venu, trempez luy fa foupe : feruez Godard, fa femme eft en couche. O ne laiffe d'aller difner d'où tu viens : car la marmite eft renuerfée, il n'y a ny frict ny frac : & quaud il y en auroit, ce n'eft pas pour toy que le four chauffe.

ALAIGRE.

Ouay gros Marcadan, ce n'eft ny de ton pain ny de ta chair, tu fais plus l'empefché qu'vne poulle à trois pouffains : tu es vn grand iafeur, tu n'as que de la baue : i'en ferois plus en vn tour de main que tu n'en gafterois en quinze iours : tu t'y prends d'vne belle defguaifne.

PHILIPIN.

O tu es nourry de broüet d'andouïlle, tu fçais tout, ie voudrois bien voir de ton eau dans vn coquemard : tu es vn beau cuifinier de hedin, tu as empoifonné le diable

diable, tu entens la cuisine comme à faire vn coffre, ou à ramer des choux. Ie pense que tu ferois aussi bien vn pot qu'vne poisle.

ALAIGRE.

Tu en diras tant, que ie te donneray du bois pour porter à la cuisine.

PHILIPIN.

Ho, ho, tu as la teste bien pres du bonnet, ce n'est que pour rire, & tu prens la chéure, si tu sçauois cõbien ie t'aime depuis vn demi quart d'heure, tu en serois estonné. Aga ie t'aime mieux voir que le cœur de mon ventre: tu es vn bon garçon, tu as la iambe iusques au talon, & le bras iusques au coulde, tu es de bonne amitié, tu as le visage long.

ALAIGRE.

Tu sçais bien que chien hargneux a tousiours les oreilles deschirées.

FLORINDE.

Cela est estrange que ces garçons ont tousiours quelque maille à departir, Philipin prens garde qu'Alaigre ne t'estrille, car il en mangeroit deux comme toy.

LIDIAS.

S'il y auoit songé, il ne mangeroit iamais pain.

FLORINDE.

Ie crois que pour se cognoistre il faut qu'ils mangent vn minot de sel ensemble: mais sans plus de discours, enfans taisez-vous, ou dites que vous n'en ferez rien, & ne nous rompez plus la teste, elle nous fait desia mal de vos caquets.

ALAIGRE.

Si vous estes malade, prenez du vin: aussi mal de teste veut repaistre. De plus la medecine n'estoit point sotte.

LIDIAS.

Il dit vray le lourdaut, aussi bien pour les accorder il faut qu'ils boiuent ensemble.

FLORINDE.

Vous les grattez bien où il leur demange.

LIDIAS.

Ma Florinde, six & vous sont sept.

ALAIGRE.

Allons à la souppe goulu, flacquons-nous-là, & daubons des machoires,

LIDIAS.

Garçons soit fait ainsi qu'il est requis.

PHILIPIN.

De quatre choses Dieu nous garde,
D'vne femme qui se farde,
D'vn vallet qui se regarde.
De bœuf sallé sans moutarde,
Et de petit diner qui trop tarde.

ALAIGRE.

Le diable s'en pende, ie me suis mordu.

PHILIPIN.

C'est bien employé, Alaigre, tu es trop goulu, en pensant manger du bœuf tu as mordu du veau.

ALAIGRE.

Et toy tu ioüe desia des balligouinsses comme vn singe qui desmembre des escreuisses. Morbleu quel auallеur de poix grix: vrayement tu n'oublie pas les quatre doigts & le pousse? quel estropiat des machoires.

PHILIPIN.

Aga t'estonne-tu de cela? les mains sont faites deuant les cousteaux. Ho Dame ie ne suis pas vn enfant, ie ne me repais pas d'vne fraize, bonnes sont les vertes.

ALAIGRE.

Bonnes sont les mures.

PHILIPIN.

Bonnes sont les noires.

ALAIGRE.

Bonnes sont les blanches.

PHILIPIN.

Mais que mange-tu là en ton sac, grand gueulle, ie crois que tu as le gosier pané?

ALAIGRE.

Tu mets ton nez par tout, tu en as bien affaire. Tien, tien, ne te fasche pas, choisis: quel niais de Solongne? tu te trompe à ton profit, ie ne te trouue point tant sot, tu aimes mieux deux œufs qu'vne prune.

PHILIPIN.

Tu es bien dessallé, tu sçais bien qui choisit & prend le pire est maudy de l'Euangile.

ALAIGRE.

Philipin, laissons là l'hyurongnerie, & parlons de boire. Ie te prie haussons vn peu le gobelet, nous ne boirons iamais si ieunes, ie sens bien que c'est trop filer ſans moüiller.

PHILIPIN.

Du temps du Roy Guillemot on ne parloit que de boire, maintenant on n'en dit mot. Que t'en ſemble mon compere?

LIDIAS.

Ma chere Florinde, vous eſtes icy traitée à la fourche, mais imaginez-vous que vous eſtes à la guerre.

FLORINDE.

Vne pomme mangée auec cõtentement, vaut mieux qu'vne perdrix dans le tourment. Pour moy ie trouue qu'il n'eſt feſtin que de gueux quand toutes les bribes ſont ramaſſées.

LIDIAS.

Il ne fut iamais ſi bon temps, que quand le feu Roy Guillot viuoit, on mettoit les pots ſur la table, on ne ſeruoit point au buffet.

FLORINDE.

A l'occaſion on prend ce qui vient à l'hameçon, tout cecy ne m'eſt point à rebours.

LIDIAS.

Quand vous n'auriez point d'apetit,

ces garçons vous en peuuent donner en les regardant : mais goustez vn peu de cela.

Les premiers morceaux nuisent aux derniers.

ALAIGRE.

Allons à cettuy là, tu prens de la peine tout plein.

PHILIPIN.

Comme diable tu hausse le temps.

ALAIGRE.

Cela passe doux comme laict, mais ie pense que tu es fils de tonnelier, tu as vne belle aualloire. Et bien qu'en dis-tu ? ce vin là seroit-il pas bon à faire des custodes ? il est rouge & verd, c'est du vin à deux oreilles, ou du vin de Bretigny, qui faiɡ danser les chevres.

PHILIPIN.

Ie croy qu'il est parent du roulier d'Orleans nommé Ginguet, toutefois à six & à sept tout passe par vn fosset.

ALAIGRE.

Il fait bon estre bon ouurier, on met toutes pieces en œuure.

FLORINDE.

Voyez vn peu ces garçons, ils se donnent bien au cœur ioye.

LIDIAS.

Ie m'en fierois bien à eux, ils ont la mine de ne pas manger tout leur bien, ils en boiront vne bonne partie. Allons à ce reste.

PHILIPIN.

Ie me porte mieux que tantost, il me sembloit que le soleil me luisoit dans le ventre, il y a long temps que ie ne me suis donné vne telle carreleure de glabe.

ALAIGRE.

Ma foy cela m'est venu comme vn os dans la gueule d'vn chien: mais tu ressemble les Procureurs, tu veux releuer mangerie. Courage, courage, si tu meurs à sa table ie veux mourir à tes pieds, beuuons en tirelarigot.

PHILIPIN.

Il vaut autant se despoüiller icy qu'en la tauerne.

ALAIGRE.

Andoüilles de Troys, sauciſſons de Boulongne, marrons de Lyon, vin muscat de Frontignac, figues de Marseille, cabats d'Auignon sont des mets pour les bons compagnons.

PHILIPIN.

O qu'il est grauissant ! il chante comme vne sereine du pré aux Clercs, & fredonne comme le cul d'vn meler. Allons masse à qui dit.

ALAIGRE.

Taupe, taupe, morbleu ie vaux mieux escu que ie ne valois maille.

PHILIPIN.

O ie suis Roy de Poictiers, il ne faut plus que me courõner d'vne chaufferette: qu'en dis-tu? il ne nous faut plus que des choux si nous auions de la graisse.

ALAIGRE.

N'oubliez pas la Confrerie des pourceaux, en voyci le Marguiller.

PHILIPIN.

Vn estron pour le questeur. Morgoy me voila plein comme vn œuf, & ie croyois iamais ne me souler, mais i'ay les yeux plus grands que la panse.

ALAIGRE.

Pour moy i'ay beu tanquam sponsus,

i'en ay iusques au goulot, que sert-il de boire si on ne s'en sent. Philipin nous voila en bon estat, nous auons bien beu & bien mangé, pendu soit-il qui l'a gagné.

LIDIAS.

Parlez haut enfans, vous ressemblez les soldats de Brichanteau, vous mangeriez iour & nuict si on vous laissoit faire. Ie suis d'auis que nous nous reposions icy à l'ombre de peur des mouches.

PHILIPIN.

I'ay fait comme les bons cheuaux ie me suis eschaufé en mangeant.

FLORINDE.

Ie commence à auoir de la poudre aux yeux, le petit bon homme me prend.

LIDIAS.

La chaleur nous conuie de mettre casaquin bas.

ALAIGRE.

Ie suis fort aisé à nourrir, quand ie suis saoul ie ne demande qu'à dormir: C'est vn sault que i'aime bien à faire de la table au lict. Ie pense bien dormir en repos en quittant mes habits: car il n'y a rien à perdre.

PHILIPIN.

Fils de putain en qui tiendra.

ALAIGRE.

Philipin, viens icy trauailler, ta iournée est payée.

PHILIPIN.

Mais voicy vn épingle d'enfer, elle tient comme tous les diables.

ALAIGRE.

Cela fut ioüé à l'ortie, c'est que tu n'entends pas le tran tran, car tu es mal adroit comme Cueillart. Il n'y a remede puis que vous auez fait vn trou à la nuict, & que vous auez emporté le chat madamoiselle. Il faut prendre le temps comme il vient.

FLORINDE.

Cela vous plaist à dire masque, tout cela est bië, nous voila des-habillez le mieux du monde: çà ioüons vn peu a cleine mucette.

ALAIGRE.

Teste bleu que voila vn ioly chapeau de coqu, ie n'aurois non plus pitié d'elle que vn Aduocat d'vn escu.

PHILIPIN.

Pour le moins ie ne ioüions point au pet-en gueule.

ACTE II.

SCENE IV.

LES QVATRE BOESMIENS LE COESRE, VNE VIEILLE, SA FILLE, ET LE CAGOV.

LE COESRE.

ET bien, n'entens-ie pas à pincer sans rire? Il n'appartient qu'à moy de faire raffle en trois coups, vous n'y allez que d'vne fesse, vous craignez la touche premier que d'auoir mis la griffe. C'est lors que l'on est nanty qu'il faut craindre la harpe, comme à cette heure que nous auons attrimé au paſſeligourt, fait vne bonne griuelée, il faut embler le pelé, gagner le haut, & mettre ſes quilles à ſon col.

LA VIEILLE.

Parmanenda il faut promptement nous oſter de deſſous les pattes des chiens courans du bourreau, de peurque le brimart ne nous chaſſe les mouches de ſur les eſpaules au cul d'vne cherette, & qu'il ne nous donne les marques de la ville de peur de nous perdre, en faiſant la proceſſion par tous les Carrefours, ſi nous pouuions trouuer d'autre lange pour nous couurir nous aurions bien le vent en poupe.

LA FILLE.

Saincte Migorce nous ſomme nées coiffées, il ne faut plus que des alloüettes rotties nous tomber au bec. Aga, aga, ma mie: voyci du monde ſous ces arbres qui ioüe à la ronfle, qui ont quitté leurs volants auecque leurs habits de peur d'auoir trop chaut, il les faut attrimer & dire grand mercy iuſques au rendre, qui ſera la ſemaine des trois ieudis, trois iours apres iamais.

LE CAGOV.

Que chacun fasse comme moy, le plus grand fol commance le premier, voicy qui me vient mieux que bien, ce Georget est comme si ie l'auois commandé.

LA VIEILLE.

Il faut que ie laisse ma teste, & que ie me serue de cecy sans prendre ma mesure.

LA FILLE.

I'ay fait, que feray-ie?

LE COESRE.

Il ne faut pas icy se mirer dans ses plumes, escampons prestement, & perdons la veuë du clocher. Il faut trouuer ses quilles & ses trotains de peur d'estre pris de gallicot, laissons nos vollans & le reste de nos habits à ces pauures diables, à qui on donnera la sausse si on les trouue auec la robbe du chat, ils n'auroient pas si bon marché de nous, si la peur que i'ay d'estre pris ne m'empeschoit, il les faudroit rendre nuds comme la main,

LA VIEILLE.

Allons, allons, qui trop embrasse mal estreint, la trop grande conuoitise rompt le sacq.

LE CAGOV.

Maudit soit le dernier, sauuons-nous, le Preuost nous cherche.

ACTE II.

SCENE V.

LIDIAS, ALAIGRE, FLORINDE, ET PHILIPIN.

PHILIPIN.

HO, ho, il ne m'a pas enuoyé icy non plus qu'à la table. Ie resuois que ie voyois vn grand petit homme rousseau, qui auoit la barbe noire, qui portoit son espaule sur son baston, & estoit assis sur vne grosse pierre de bois, i'en auois si enuie de rire, ie ne sçay ce que cela signifie, pour moy ie n'y adiouste point de foy : car les songes, sont mensonges: mais quand i'y pense tout de bon, il ne fait guere meilleur icy qu'en vn coupe-gorge. Alaigre, Alaigre, debout les vaches vont au champs.

ALAIGRE.

Ie t'eniolle peigne de boüis, laisse reposer mon humanité, si tu m'importune dauantage, tu me déroberas vn soufflet.

PHILIPIN.

O paresseux ! quand ie te regarde, ie ne voix rien qui vaille: car tu ne vauts pas le debrider, apres boire prend garde à toy, telle vie telle fin.

ALAIGRE.

Tu as raison, gros badin, tu serois bon sur le bord d'vn estang, tu remonstrerois bien le menu peuple, voila vn homme bien diligent pour en parler, il se leue tous les iours à huict heures, iour ou non.

PHILIPIN.

Ouye, Aga ! hé quelle heure pense-tu qu'il soit?

ALAIGRE.

Si ton nez estoit entre mes fesses, tu

trouuerois qu'il feroit entre vne & deux: mais il eſt l'heure que les fils de putains vont à l'eſcolle, pren ton ſac & y va. Sans tant de diſcours, donne moy vn peu ma iacquette, ie te ſeruiray le iour de tes nopces.

PHILIPIN.

Tien la voila pour choſe qu'elle vaut.

ALAIGRE.

Tu as la berlus ie croy que tu as eſté au treſpaſſement d'vn chat, tu vois trouble.

PHILIPIN.

Qu'importe, tu n'as pas changé ton cheual borgne à vn auengle.

ALAIGRE.

Que diable eſt-ce cy, ne voicy que des frippes, propres à ioüer vne farce: voila qui eſt riollé piollé comme la chandelle des Rois, Philipin à quel ieu ioüons nous, eſt-ce tout de bon, ou pour bahutter.

PHILIPIN.

Ie crois qu'on nous a fait grippe cheuille: Monſieur, Monſieur, leuez-vous, aux voleurs, on nous a couppé la gorge: aux voleurs, aux voleurs, on nous a deſualiſez, fez.

LIDIAS.

Qu'est-ce, qu'est-ce?

PHILIPIN.

Ah! nous sommes volez depuis les pieds iusques à la teste.

LIDIAS.

Te mocques-tu de la barbouillée?

ALAIGRE.

Sans raillerie nous sommes pris pour duppes, il y a de l'ordure au bout du baston; on nous a jetté le chat aux iambes, & voicy les habits de quelques Boesmiens qui ont fait la picorce en prenant les nostres; pour se sauuer ils se sont couuerts du sac mouïllé.

LIDIAS.

Ostons-nous du grand chemin, de peur de payer la folle enchere des fautes d'autruy.

FLORINDE.

C'est fort bien dit, n'attendons pas la pluye, mettons nous à couuert.

ALAIGRE.

Mon Maistre, à quelque chose, le malheur est bon: voicy qui nous vient comme Mars en Caresme, nous pourrons nous deguiser en ceux qui nous ont ioüé cette trousse, ces breluques nous y seruiront, & contre faisant les Boesmiens, nous pourrons facilement donner vne cassade au Docteur, il est assez aisé à eniolller, à vn besoin on luy feroit croire que des nuées sont des poësles d'airain, laissez luy moy iouër cette fourbe ; ie gageray ma teste à couper, qui est la gajure d'vn fol, que i'en viendray à bout, vous n'aurez qu'à faire comme au jeu de l'abé, qu'à me suiure, ie vous veux premierement apprendre cinq ou six mots d'vn langage que i'ay appris à la Cour du grand Coesre, du temps que i'estois parmy les Mattois, cagoux, pollissons, casseurs de hannes, ie ne me mocque ma foy pas, ie veux qu'on me coupe la teste si ie ne vous mets d'accord auec le Docteur, comme le bois dequoy on fait les vielles.

PHILIPIN.

Ie pensois estre plus fin, mais au diable c'est luy, ce garçon là a de l'esprit, il a houché au Cimetiere.

ALAIGRE.

Allons, escampons vistement d'icy, il me semble qu'on me tient au cul & aux chausses.

PHILIPIN.

Le cul me fait, lappe, lappe, lappe.

FLORINDE.

Si l'on venoit à nous tenir, nous n'eschaperions pas pour courir, depeschons de nous sauuer.

PHILIPIN.

Les depeschez sont pendus ; drillons viste.

ALAIGRE.

I'ay si grand peur, qu'on me boucheroit le cul d'vne charetée de foin.

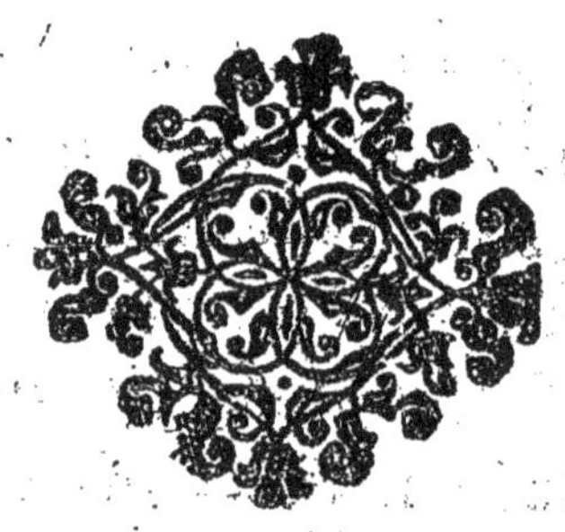

ACTE II.

SCENE VI.

FIERABRAS.

FAut-il que l'inuincible Fierabras, de qui la valeur fait fendre les pierres, soit maintenant au bout de son roole: faut il qu'il soit aussi chanceux que Cogne fetu, qui se tuë & ne fait rien: quoy? faut-il que mes desseins, pour estre trop releuez, ressemblent les montaignes qui n'enfantent que des souris? faut-il, di-ie, que ie ne me puisse mouuoir sans que tout le monde en soit abreuué, & que ces petits auortons de la nuict, ces Pigmees qui ont enleué ma Florinde, ayent eventé la mine que ie voulois faire ioüer, & que mes stratagemes & vireuoltes n'ayent serui qu'à les faire fuir comme trepillards, ou comme vn Renard deuant vn Lyon. Mon excellence se fust bien abbaissée, iusques à courir apres eux : mais l'Orfevre qui me faisoit des esperons à pointes de diamants a fait vn pas de clerc qui l'a fait cacher en vn trou de souris, ou le diable ne le trouueroit pas. D'ailleurs, pour m'acheuer de peindre, les Courriers qui sortoient par monts & par vaux, les tonnerres de ma renommée ont tary de cheuaux toutes les postes & les relais du monde; & tant y a que me voila attrapé : mais par la teste du Sort & du Destin, ils ne me peuuent fuir, cela m'est hoc, ie leur feray croquer le marmouset comme il faut: & à qui vous ioüe-tu? quelque sot mangeroit son frein, & n'en diroit mot, Ah! que si i'y eusse esté en chair & en os comme sainct Amadou, ils n'eussent pas eu faute de passe temps, ils ne s'en fussent pas retournez sans vin boire, ny sans beste vendre : mais il faut que i'aille faire en sorte de descouurir le trantran.

LA COMEDIE DE PROVERBES.

ACTE TROISIESME.

SCENE PREMIERE.

ALAIGRE, PHILIPIN, LIDIAS, ET FLORINDE, *desguisez en Boesmiens.*

ALAIGRE.

ME voila maintenant paré comme vn bourreau qui est de feste, ie m'imagine qu'on ne nous prendroit pas tous quatre pour des enfans du bourlabé qui ne demandent qu'amour, & simplesse: on nous prendroit bien plustost pour des carabins de la commette, & pour des esueillez qui ne cherche que chappe chutte, vn Tauernier nous regarderoit à deux fois auant que nous donner quelque chose il auroit peur d'estre payé en monnoye de singe: Florinde a bien la mine de ses ficheuses, qui ressemblent les balances d'vn Boucher, qui pesent toutes sortes de viande, car la voila troussee comme vne poire de chiot : mon Maistre à mieux la mine d'vn guetteur de chemins, & d'vn escornifleur de potence, que d'vn moulin à vent ; & Philipin pour vne bourgeoise d'Aubaruillers, à qui les ioues passent le nez.

PHILIPIN.

Tu as raison toy, tu ressemble mieux à vn parement de gibet, qu'à vn quarteron de pommes, mais n'importe, l'habit ne fait pas le Moine. Aga, queu si queu my, te rogamus audi nos.

ALAIGRE.

Voyci le bout du iugement, les bestes parlent latin.

LIDIAS.

Florinde au conte de ces garçons, tu passeras pour vne bourgeoise du Nil, ou d'Arge.

FLORINDE.

Et toy, Lidias, pour vn pellerin de la Mecque, vrayment Alaigre a plus d'esprit qu'vn Gerfault: il me fait esperer que nous ne demeurerons pas sur crouppe d'or.

ALAIGRE.

Ouy, mais ce n'est pas tout que des choux, il faut sçauoir son rollet, ie doute fort que Philipin ne sçache que le trou de bougie : là, là, il faut commencer son dicton en faisant chemin, Philipin diras-tu bien la bonne auenture sans rire?

PHILIPIN.

Encor que ie ne manque pas d'ignorance, ie serois bon à vendre vache foireuse, ie ne ris point si ie ne veux, & si i'ay caquet bon bec, la poulle à ma cante.

ALAIGRE.

Diras-tu bien ce que i'ay mis dans la truche, sçais-tu bis-riuer le bis, ou rousquailler bigorgne.

PHILIPIN.

Iaſpin, ie rine, fermy comme pere mere, il ne me reſte plus qu'à caſſer les bannes, pour me rendre plus fin que Maiſtre Gonin.

LIDIAS.

Philipin eſt ſçauant iuſques aux dents, il a mangé ſon breuiaire.

ALAIGRE.

O diable, c'eſt vn bon gars, il entend cela, ſon pere en vendoit.

LIDIAS.

Florinde puis que nous ſômes aueeques les loups, il faut hurler, & dire noſtre ratelée de ce iargon, ou ne s'en point meſler, comme il nous viendra à la main, ſoit à tort ou à trauers, à bis ou à blanc, n'importe, pourueu qu'on ne nous entende non plus que le haut Allemand.

FLORINDE.

Ie ne veux pas m'amuſer à ces bricolles de diſcours. Ie diray ſeulement ce qui me viendra à la bouche : il faut laiſſer faire ces garçons. l'entendent cela comme à faire vn vieux coffre.

PHILIPIN.

Morgoine ie sçay entrauer sur le gourd, il ne m'en faut que monstrer, i'en dirois à cette heure autant qu'il en pourroit venir. Allons viste, il me tarde que ie n'en deuide vne migousflée à ce mal autru de Capitaine, qui sera tousiours flouquiere, & puis c'est tout vne, il faut commencer à tourner vers la vergne, les pieds me fourmillent que ie n'y sois tout chaussé & tout vestu.

ALAIGRE.

Il faut embler le pelé iuste la targue.

FLORINDE.

Philipin a gagné mō esprit, car il prend la matiere à cœur, & s'en acquitte mieux que de planter des choux. S'il estoit appris il seroit vray : il y a pourtant esperance qu'auec du pain & du vin il fera quelque chose, où il ne pourra.

ALAIGRE.

Il a les genoux gros, il profitera.

PHILIPIN.

Vous y estes, laissez-vous y choir, vous

auez frappé au but. Et là là, laissez faire George, il est homme d'aage.

ALAIGRE.

Quand i'ay quelque chose en la teste, ie ne l'ay pas au cul. Car quand ie m'y mets, ie me demeine comme vn Procureur qui se meurt.

LIDIAS.

Va, tu ne peux mal faire, tu es le plus gentil de tous tes freres, & particulierement à cette heure que tu dance tout seul. Suy moy Iacquet, ie te feray du bien.

PHILIPIN.

Dame il faut que ie m'essaye pour mieux iouër mon personnage; afin qu'on n'y trouue rien à tondre.

ALAIGRE.

Nous approchons la vergne ou on nous prendra pour l'ambassade de Biaronne trois cens cheuaux & vne mule.

PHILIPIN.

Qu'on nous prenne pour qui on voudra, pourueu qu'on ne nous griphe point au cul & aux chausses: car si ie le croyois, ie quitterois la partie quand ie la deurois perdre: Mais nous approchons fort la ville , il faut commencer à ſe carrer comme ſoldats qui regardent leur Capitaine.

ALAIGRE.

Tu vas lemble comme vne truye qui va aux vignes.

PHILIPIN.

Ie vays comme ie veux , ce n'eſt rien du tien : tu veux faire du rencontreur ; mais tu rencontre comme vn chien qui a le nez caſſé. Dis tout ce que tu voudras , cela ne me cuit ny ne me gelle.

LIDIAS.

Or ça enfans , où logerons-nous?

ALAIGRE.

Sur mon dos, il n'y a perſonne.

LIDIAS.

Ie ſonge qu'il y a vne maiſon deſtinée pour ceux de noſtre eſtoffe , il s'y faut aller planter , nous y ferons auſſi bonne chere qu'à la nopce.

PHILIPIN.

C'eſt bien dit, mangeons tout : mais de quel coſté ietterons-nous la plume au vent.

LIDIAS.

Du coſté de l'autre coſté.

ALAIGRE.

Si on vouloit prendre vn diable à la pipée, on n'auroit qu'à mettre Philipin sur vne branche de noyer.

ACTE III.

SCENE II.

FIERABRAS, ET LE DOCTEUR THESAURUS.

FIERABRAS.

SEigneur Docteur, i'ay remué le Ciel & la terre depuis le rapt de vostre fille, i'ay fureté par tout sans pouuoir descouurir leur cache : mais si ie puis vn iour tenir ces maraux d'honneur, ie les ietteray cent mille lieuës par de là le bout du monde, i'aneantiray leur maudite engeance iusques à la milliéme generation: comment s'adresser à moy, qui puis d'vn seul clein d'œil faire tarir toutes les mers, & qui du vent de ma parole peut reduire les plus hautes montagnes du monde en cendre. Ne sçauent-ils pas que ie porte sur mon front la terreur & la crainte?

THESAVRVS.

Certissime, Seigneur Capitaine, il s'y faut prendre d'vn autre biais, moins de parole & plus d'effect. Il y faut mettre ses cinq sens de nature pour les descouurir. Pour moy ie vendray plustost iusques à ma derniere chemise.

FIERABRAS.

Si ie les puis tenir ie les secoueray bien. Mais puis que nous auons resolu d'aller par toutes sortes de chemins, il vient de sortir vn bon expedient du cabinet de mes plus rares conceptions, c'est qu'il est arriué depuis peu des Boesmiens qui ne cedent rien à Nostradamus, ny à Iean Petit Parisien en l'art de deuiner. Il les faut consulter, peut estre nous en diront-ils plus que nous n'en voudrons sçauoir.

THESAVRVS.

Au diablezor, croyez-moy vous serez sauvé, & autant pour le brodeur: s'il n'est vray, la bourde est belle, ce ne sont que des charlatans.

FIERABRAS.

Ie vous le dône pour le prix que ie l'ay eu. Ie vous diray, laissez, il ne nous en coustera rien, tout le monde y court comme au feu. Escoutez, ie les entens, ou les oreilles me cornent.

THESAVRVS.

O bien nous verrons ce qu'ils sçauent faire. Ma femme, venez voir les dadées.

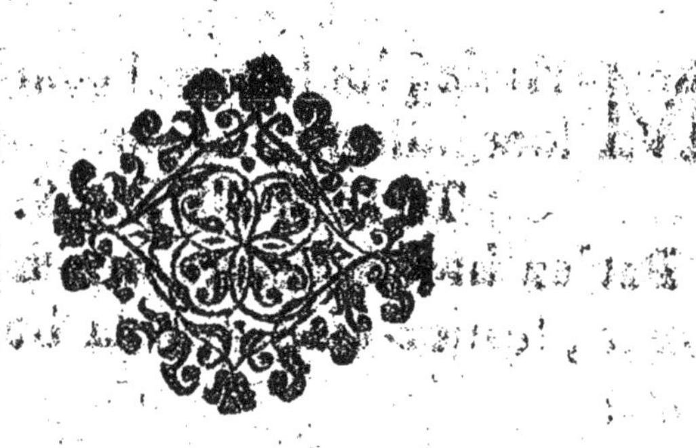

ACTE III

SCENE III.

MACEE, THESAVRVS, FLORINDE, ALAIGRE, FIERABRAS, PHILIPIN, ET LIDIAS.

MACEE.

M'Amie, les beaux Tabarins, qu'ils sont iolis, ils dancent tout seuls.

THESAVRVS.

Parlez haut brunette m'a mie de bon cœur, sçauez-vous dire la bonne auenture?

FLORINDE.

Ouy dea, mon bon Seigneur: mais donnez-moy donc la piece blanche, ou bien ie ne vous diray rien.

THESAVRVS.

Tres volontiers, dit Panurge, ma bonne amie, la voila plus viste que vous ne me l'auez demandée.

FLORINDE.

Vous auez de grands pensemens dans le tintoüin, mon bon Seigneur, ie voy par cette ligne de vie que vous aurez vne grande maladie, ou les Medecins se porteront mieux que vous. Toutesfois apres auoir esté à la porte de Paradis, vous en reuiendrez, & viurez apres iusques à la mort.

ALAIGRE.

Et bien n'entend-elle pas le pair & la praize?

FLORINDE.

Il vous est arriué plusieurs choses, & vous en arriuera plusieurs autres. Vous auez perdu vostre fille la Peronnelle, que les gend'armes ont enleuée, c'estoit vn bon enfant.

ALAIGRE.

Morbleu qu'elle fait bien la chatemite.

THESAVRVS.

Tarare pompon, vous estes des deuins de Montmartre, vous deuinez les festes quand elles sont venuës: mais poussez vostre cheual.

FLORINDE.

Vous recouurerez vostre fille si elle n'est perduë. Sçachez qu'elle est seine & entiere par la valeur d'vn bon Gentilhomme qui l'a despatoüillée des mains de certains gouinfres qui luy vouloient rauir son honneur. Ce bon Gentilhomme l'a si bien plantée, qu'elle reuiendra bien tost, de grands tintamarres dans vostre maison, & que tout ira cul par dessus teste, si vous ne mariez vostre bonne fille à celuy qui l'a sauuée par les marais. Elle l'aime, & vous luy voulez mal de mort, mais ne soyez d'oresnauant si cruel qu'vn tygre, il faut aimer sa geniture. Faites ce que ie vous dis, & vous y aurez profit & honneur.

MACEE.

Foin de l'honneur, ma fille en est gastée, si iamais ie la tiens elle ne m'eschappera pas. Helas! mon pauure enfant, ton absence me donne la mort au cœur.

THESAVRVS.

Ma fille, vous m'auez dit des merueilles, si cela arriue ie ne vous promets pas de neiges d'antan.

ALAIGRE.

Voila le goust de la noix,ce plantement là.

FLORINDE.

Vous auez aussi vn gros garçon qui a le ventre à la Suisse, & est meilleur que le bon pain.

THESAVRVS.

Ie dõne au diable si vous n'estes deuins; vos peres estoient yures quand ils vous firent. Acheuez, acheuez.

ALAIGRE.

Voila vn Capitaine qui se carre comme vn sauetier qui n'a qu'vne forme.

FLORINDE.

Ces brigands luy vouloient faire passer le pas,si ce bon Gentilhomme ne l'eust secouru tout à poinct. Au reste ce n'est pas tout,ie preuois.

FLORINDE.

Il ne tiendra qu'à vous de la reuoir. Elle vous est aussi asseurée que si elle estoit dans vostre manche.

THESAVRVS.

Ie vous asseure que dés qu'elle sera venuë ie feray tuer le veau gras.

FIERABRAS.

Il faut aussi par mesme chemin que ie sçache par où il m'en prendra. Tien ma grande amie, regarde, & ne me celle que ne sçais pas.

PHILIPIN.

Aueignez donc la Croix, mon bon Seigneur, elle chasse celuy qui n'a point de blanc en l'œil.

FIERABRAS.

Tien voila celle qui a fait desloger sans trompette, & fuir plus viste que la foudre dix millions d'hommes, dont le moindre eust battu dos & ventre cent millions de telles gens que tu dis.

ALAIGRE.

Quel embaleur a il est bouffi de vengeance comme vn harang soret.

LIDIAS.

Helas que tout ce qui reluit n'est pas or!

PHILIPIN.

Cela n'a ny force ny vertu pour estre sur la ligne de vie, il faut vne croix marquée en vn beau quart d'escu, pource que ce metail porte medecine.

FIERABRAS.

Tien, cela ne me chaut, ie n'ay qu'à pescher l'argent, cent mille pistoles ne me furent iamais rien, ce n'est pas le fient de mes cannes, ou Dieu me damne.

LIDIAS.

Il n'a que faire d'en iurer.

ALAIGRE.

Ie crois que dix escus & luy ne passerent iamais pas vne porte.

PHILIPIN.

Mon bon Seigneur, vous estes fils de bon pere & de bonne mere, mais l'enfant ne vaut gueres. Vous ne mentez iamais si vous ne parlez, & si vous auez la conscience estroite comme la manche d'vn Cordelier: vous estes fort liberal, vous ne mangeriez pas le diable que vous n'en donnassiez les cornes. Vous n'auez qu'vn vice, c'est que vous estes trop vaillant, que vous serez vn iour Capitaine d'vne grande reputation, on vous donnera le haussecol en greue, vous estes aussi prudent que valeureux, quand vous auez esté battu, vous n'en dites mot à personne. Vous faites des miracles en vos combats, ceux que vous auez tuez se portent bien graces à Dieu, vous ferez heureux en vos rencontres comme de coustume, on vous battra plus pour rien qu'vn autre pour de l'argent. Vous ferez beaucoup plus que le preux & vaillant Achille: car il est mort par le tallon, & les vostres vous sauueront la vie en faisant vide à quam, l'eau benite de Pasques. Vo^e estes sans comparaison plus fort que Samson, qui tuoit les lions, leoparts, & autres bestes: car vous en auez tué de toutes les cochonnées & de plusieurs autres sans difficulté & à petit bruit, de peur d'effrayer leurs compagnons.

ALAIGRE.

En tiens-tu petit bonet?

FIERABRAS.

Barrez là ma bonne amye, rayez cela de sur vos papiers, ie n'eus iamais intention d'atraper mes ennemis en tapinois, car ie leur fais la peur toute entiere & puis le mal pour les autres choses susdites, c'est vne autre paire de manche, ie men rapporte au parchemin qui est plus fort que le papier: mais pousse & acheue.

PHILIPIN.

En aymant fort & ferme, vous perdez

vostre huile & vostre temps : car vous aymez vne fille qui est amoureuse comme vn chardon, cette ligne est bonne sans que vous aurez bon pied bon œil, qui plus n'en sçait plus n'en dit.

FIERABRAS.

Si ce que tu ne me viens de dire n'est vray, le nez te puisse choir. Vray ou faux n'importe, ie t'en remercie comme de quelque chose de meilleur, mais changeons vn peu de batterie, ma bonne mere, cette fille est-elle à vous? elle ne vous reuient point mal.

PHILIPIN.

Ouy, mon bon Seigneur, ie l'ay faite & forgée.

THESAVRVS.

Ie donne au diable si elle ne te ressemble comme vn Moine à vn fagot, c'est vne Boesmienne de Gonnesse, ou bien elle a baisé le meusnier, car elle est blanche comme farine.

FIERABRAS.

Il faut que i'en die vn mot à cette brunette, Messieurs, n'en soyez pas si ialoux qu'vn coquin de sa besasse.

LIDIAS.

Vous ne tenez rien, mon camarade, vous estes bien loin de vostre compte, ce n'est pas chaussure à vostre pied.

ALAIGRE.

Seigneur cappitan, vous pouuez bien manger vostre potage à l'huile, il n'y a point de chair pour vous.

FIERABRAS.

N'ayez point peur je ne la mangeray pas.

ALAIGRE.

On ne mange pas de si grosses bestes.

FIERABRAS.

Ie ne luy diray que deux mots, & puis la fin.

ALAIGRE.

Il vaut mieux le laisser faire, que de gaster tout.

LIDIAS.

Faisons bonne mine, & mauuais ieu: s'il bransle, ie le tuë.

FIERABRAS.

Le belle fille, que ie vous voye entre deux yeux, vous ressemblez toute crachée à vne beauté, qui m'a donné dans la veuë, cela fait que ie vous cheris comme mon espée, outre que vous estes plus mignonne

gnonne, qu'vn petit lou, plus droite qu'vn jon, & plus gentille qu'vne poupee.

FLORINDE.

Monsieur, vos belles paroles me closent la bouche, ie n'eus iamais tache de beauté.

FIERABRAS.

Vos mespris vous seruent de loüanges: mais mon petit cœur, vne fille sans vn amy est vn Prin temps sans roze.

FLORINDE.

Vostre cœur est dans le ventre d'vn veau, ie suis vne saincte qui ne vous gueriray iamais de rien; addressez ailleurs vos offrandes.

FIERABRAS.

Ie te prie baize moy à la pincette.

FLORINDE.

Voyez vous qu'il est gentil, on ne baize plus en ce temps icy, ie croy que vous estes fils de boulanger, vous aimez bien la baisure.

FIERABRAS.

Mignone ie t'en prie, tu n'obligeras pas vn ingrat.

ALAIGRE.

Il se caline, ma foy il se goberge.

LIDIAS.

Courage, courage, nos gens reculent.

FLORINDE.

Vous n'auez pas laué vostre becq, & puis vous sçauez bien, que baizer qui au cœur ne touche, ne fait rien qu'affadir la bouche.

FIERABRAS.

Dieu me sauue, si tu me veux aymer ie te rendray plus heureuse que le poisson dans l'eau.

FLORINDE.

Il faut cognoistre auant que d'aimer à beau demandeur, beau refuseur.

FIERABRAS.

Et quoy, tu m'es gracieuse comme vne poignée d'ortie, mais dy moy qu'as-tu caché là?

FLORINDE.

Ie m'estonne comme vous estes si gras, que vous auez tant d'affaire, laissez cela, ce n'est que du foin, sont les bestes qui s'y amusent.

FIERABRAS.

Ne dites mot seulement, & me laissez faire, on me cognoist bien.

ALAIGRE.

Et que diable, estes-vous fol de vous faire tenir à quatre.

PHILIPIN.

Vous troublerez toute la feste.

FLORINDE.

Ie croy que vous estes boucher, vous aymez à taster la chair, & là, là, vous ne m'acheterez pas, laissez moy seulement, vostre amie n'est pas si noire, vrayment vous estes vn gentil perroquet.

FIERABRAS.

Petite folle, tu ne sçais pas que les plus illustres Princesses de la terre tiennent à honneur mes carresses, & briguent incessamment la possession de la moindre de mes fautes : aime moy, ie te rendray plus esclatante que la pierre en l'or.

FLORINDE.

Ne sçauez-vous pas qu'à lauer la teste d'vn asne, on y pert son temps & la peine, & qu'on ne sçauroit faire boire vn asne s'il n'a soif, vous grattez la bastille auecque les ongles, & escriuez sur l'eau, & ne me lanternez pas dauantage.

FIERABRAS.

Hà ! ventre, tu es plus farouche que

n'est la biche au bois, Dieu me saune, tes persecutions me mettent à l'extremité, ie ne sçay plus de quel costé me tourner, le beau parler n'escorche pas la langue, aime moy desormais, & me traicte en amy, tu ne me respons rien, qui ne dit mot consent.

FLORINDE.

A sotte demande, il ne faut point de responce.

FIERABRAS.

A ventre, si est-ce, que ie t'auray, mauuaise, souuiene-toy que ie te mettray à la raison.

FLORINDE.

A Dieu pagnier, vendanges sont faites.

ALAIGRE.

Baisez mon cul, la paix est faite, & tirez vos chausses Seigneur Croquand.

FIERABRAS.

Allons gueux de l'ostiere, & bandez vos voiles, & vuidez d'icy autrement ie vous estropiray.

ALAIGRE.

Marant, si ie m'estois mis en colere vn

demy quart d'heure, ie mettrois tes oreilles à la composte.

FIERABRAS.

Ha ! ventre, coquin.

ALAIGRE.

Allons en garde, a vaillant homme courte espee, prend à la porte glissée.

FIERABRAS.

Le pendart, il fait Iacques desloges, il a raison, il vaut mieux estre plus poltron, & viure dauantage.

FLORINDE.

Nous allons busquer fortune ailleurs.

FIERABRAS.

Adieu, Mignonne, à la premiere veuë, chose nouuelle.

LA FILLE.

Destallons, le marché se passe, seruiteur visage.

THESAVRVS.

Et bien, Seigneur Cappitan, des deuins que vous en semble?

FIERABRAS.

Ie ne sçay que dire de peur qu'il n'arriue, ils m'ont conté mille lanternerie, qui ne le croira ne sera pas damné.

MACEE.

Là, là, il ne faut de rien iurer. Pourquoy non ? Ces Tabarins qui sont des enchanteurs ne pourroient-ils deuiner mon mary, il ne faut pas ressembler Testu, estre incredule : car en peu d'heure Dieu labeure.

THESAVRVS.

Ce n'est pas article de foy que ce qu'ils disent ; mais pourtant ie ne mettray pas aux pechez oubliez les aduertissements qu'ils m'ont donnez de ma fille, ie les ay bien mis en ma caboche, ils ne sont pas tombez à terre : mais vienne qui plante, ie suis resolu comme Bartole à tout ce qui m'arriuera.

FIERABRAS.

C'est affaire à des niais de croire ces gens là, ils sont deuins comme des vaches, ils deuinent tout ce qu'ils voyent.

THESAVRVS.

Si vous ne le voulez croire, ne les croyez pas, pour moy i'aime mieux le croire, que d'y aller voir, c'est pourquoy ie m'en vais attendre la grace de Dieu, il n'y a si bonne compagnie, qu'elle ne se separe. Adieu scias, me recommande seigneur

Capitaine.

FIERABRAS.

Contre fortune il faut auoir bon cœur, vne liure de melancolie n'accquitte pas pour vne onse de debtes, pour vn perdu deux recouuerts, vn clou chasse l'autre, depuis que i'ay veu cette petite Boësmienne, la perte de Florinde ne me touche plus tant le cœur, changement de corbillon fait appeti d'oublie, ma valleur abhorre trop la captiuité, & le lien de ie ne sçay quels mariages, que de testes sans ceruelles ont inuétez, ie me veux esbaudir auec cette petite barbouïllee, i'aimerois mieux qu'elle fust tombée dans mon lict, que la gresle, ie la trouuerois plus facillement qu'vne puce, ie la veux honnorer d'vne serenade, il faut que ie m'abaisse iusques là, l'amour commence à me bander les yeux pour me faire faire banqueroute à l'honneur que ie pourrois pretendre dans les caresses de quelque Sultane, ou Imperatrice, qui s'estimeroit trop heureuse de me baiser la contr'escarpe, ou Dieu me damne.

ACTE III.

SCENE IV.

LE PREVOST ET LES DEUX ARCHERS.

LE PREVOST.

IL y a tantost trois heures que ie trotte à beau pied sans lance, pour descouurir en quel canton de la ville sont certains esgrillards de Boesmiens, coupeurs de bourse & de pendants, qui sont venus sans mander, hier, ou deuant hier, que ie n'en mente : mais ie les empescheray bien de s'en retourner sans dire adieu : car ie me suis chargé de les attraper, ou ie ne pourray : ie veux leur faire manger des poires d'angoisses, & leur faire voir qu'il vaut mieux tendre la main que le col, ils ſçauront en peu de temps qu'en vaut l'aune, où ces gueux là ont mis les pattes, ils n'ont laiſſé que frire, ils ont mis au net vn pauure Preſtre qui n'auoit pas grand argent caché : mais ſi peu qu'il auoit, l'ont eſcamotté & agriffé auec leurs argots de chapon: Bref, ils font merueilles auec leurs pieds de derriere, & chef d'œuure de leurs mains, par tout où ils paſſent ils font le partage de Mongoumery, tout d'vn coſté & rien de l'autre, ce ſont des Marchands à tout prendre, qui n'oublient iamais leur mains, ſi ie les puis tenir, ie le mettray à telle lexiue, qu'ils voudroient auoir eſté endormis pour quinze iours, ſi i'y faux croix de paille, ils feront les capriolles en l'air, ou les bras de mes Archers leur faudront au beſoin : Il faut, que i'attende la nuict pour les ſurprendre lors qu'ils ſongeront le moins comme renards à la taniere, on m'a dit qu'ils s'eſtoient fourrez où le bout de la ruë fait le coin : la lune commence à mõſtrer ſes cornes: c'eſt pourquoy mes Archers petillent d'impatience d'aller plumer l'oiſon.

L'ARCHER.

Borteuille aura sa reuenge, nos Gentils hommes à la courte espée trouuerõt tantost plus mauuais qu'eux.

LE 2. ARCHER.

Mais que nous les tenions pieds & mains liez, nous les traiterons en chiens courtaux, & s'il en arriue faute, prenez vous en à moy.

LE PREVOST.

Allons faire aiguiser nos cousteaux.

ACTE III

SCENE V.

FIERABRAS, LES MVSICIENS, PHILIPIN, ALAIGRE, LE PREVOST, DEVX ARCHERS, ET LIDIAS.

FIERABRAS.

LEs amoureux ont tousiours vn œil aux champs & l'autre à la ville. Pour moy ie ne sçay plus sur quel pied dancer, à quel Sainct me vouër, ny de quel bois faire fleche, depuis la veuë de cette petite Egyptienne, pour qui mes souspirs sortent plus viste qu'vn cliquet de moulin

& aussi serieusement qu'vn tonnerre: car quand ie remasche les responces dont elle m'a traité, ie les trouue si aigres, que ne les puis aualler. Ie ne sçay à quelle sausse manger ce poisson, si ce n'eust esté de la crainte qu'elle auoit que ces mataux n'en fussent ialoux, & n'eussent eu peur que ie leur coupasse l'herbe sous le pied: car autrement elle m'eust embrassé la cuisse pour me tesmoigner moitié figues, moitié raisins, que de bond, ou de volee, ribon, ribaine, qu'elle se fust sentie plus heureuse, que de posseder tous les Monarques de l'Vniuers, d'estre plantée si auant dans le bastion de mon cœur: il faut quoy qu'il puisse arriuer, que ie luy fasse entendre ce que i'ay fait à sa loüange, mes amis alte, c'est icy où il faut triõpher.

Les Musiciens chantent,

Silence par toute la terre.

Le voyci ce grand Chef de Guerre
Couronné de laurieres:
Qui vient pour conter à sa belle
Qu'il veut abandonner pour elle
Tous ses actes Guerrieres.

ALAIGRE.

Parle hé, frere Dominicle, vien voir la musicle, aupres de nostre boutiele.

PHILIPIN.

Ho, ho, c'est quelque amoureux transi, Dame, cœur qui souspire, n'a pas ce qu'il desire.

LA MVSIQVE.

Sa gloire ne court point de risque
Puis qu'il a donné quinze & bisque
A tous les Potentats:
Ils n'adorent que ce bravache
Qui de l'ombre de son panache
Conserve leurs Estats.

PHILIPIN.

Sonnez comme il escoute, Dame, voilà qui est beau, & si il n'est pas cher. C'est la Musique de S. Innocent, la plus grand partie du monde.

ALAIGRE.

Qui ne sçait son mestier, ferme sa boutique. Ils s'amusent à chanter, ils n'y entendent rien, car les femmes n'aiment pas tant les voix que le son des instrumens.

LA MVSIQVE.

C'est pour vous belle Egyptienne,
Qu'il quitte sa flame ancienne
Qui cause son tourment:
Ne m'y faites point d'imposture,
Il croit que sa bonne auanture
Et d'estre vostre amant.

PHILIPIN.

Hola c'est à Florinde qu'on addresse l'esteuf, c'est ce grand escorcheur de Sergens Fierabras.

ALAIGRE.

C'est vn bon vendeur d'espinars sauuages, ma foy nous l'auons bien mangé tous tant que nous sommes, il ne nous reuient point au cœur, ie croy qu'il n'a que faire d'apprests, les œufs sont durs pour luy, retournons dormir.

LA MVSIQVE.

Beauté plus diuine qu'humaine,
Receuez ce grand Capitaine
Apres tant de hazards:
Ne faictes point la rencherie,
Soyez sa Venus ie vous prie,
Il sera vostre Mars.

FIERABRAS.

Chut, i'entens quelqu'vn qui me vient

tarabuster en ce lieu, où ame qui viue ne peut pretendre que moy.

LE PREVOST.

Nous voicy tantost où l'on ne nous attend pas.

FIERABRAS.

Ouy à vostre dam, perturbateurs de mon repos.

LE PREVOST.

Qui sont ses bandoulliers, qui parlent si hardiment? Canailles, si vous estes sages, ne croupissez pas là d'auantage, & vous retirez il est heure indeuë.

FIERABRAS.

Ah ventre! commande à tes valets, & garde que ie ne te donne vn si beau rentre-marion, que la terre ne t'en donnera vn autre.

LE PREVOST.

A beau ieu, beau retour: compagnons, traittons ces drosles là de martin baston nos espées feront plus de requestes ailleurs.

L'ARCHER.

Ie voy bien que la chair leur demange.

LE 2. ARCHER.

Il faut gratter leur coine.

FIERABRAS.

L'ignorance fait les hardis
Et la consideration les craintifs
Bien courir n'est pas vn vice,
On court pour gagner le prix,
C'est vn honneste exercice,
Vn bon coureur n'est iamais pris.

LE PREVOST.

Comme diable il arpente, nous auons fait là vn grotesque desordre.

L'ARCHER.

Ils gaignent le haut plus viste qu'vn liévre de Beausse.

LE 2. ARCHER.

Les pauures museaux de chiens nous auons bien reuisité leur fripperie, ils n'en ont pas tiré leurs brayes nettes, ils y ont laissé de leurs plumes.

LE PREVOST.

Ce n'estoit pas là pour ma dent creuse, aux autres ceux là sont pris.

PHILIPIN.

Qui est là? qui est là? vous frappez en maistre.

LE 1. ARCHER.

Amis sont, ouurez seulement.

PHILIPIN.

Amis sont bons, mais qu'ils apportent, Seigneur Lidias, venez, l'on vous veut marier.

LE PREVOST.

Ouy, ouy, iuste & carré comme vne flute, nous le festinerons d'vne salade de Gascon.

ALAIGRE.

Le diable est bien aux vaches, ces diables là ont le nez fait comme des Sergens.

PHILIPIN.

On t'en pond Sergent, toy & ton recors, mon maistre n'est pas obligé par corps.

LIDIAS.

N'importe qui que se soit, en bien faisant on ne craint personne: mais ma veuë me fait faux bond, ou i'apperçois vn frere en qui ie ne songeois non plus qu'à m'aller noyer. *Est-ce vous mon frere?*

LE PREVOST.

Hé mon frere, c'est grande nouueauté

que de vous voir, ie vous croyois à plus de cent lieuës d'icy. Que veut dire cela? ie suis aussi rauy de vous auoir rencontré que si i'estois Roy de la febue.

ALAIGRE.

La douce chose, accollez ce poteau, ie suis aussi resiouy de voir cela que si on me fricassoit des poullets.

LE PREVOST.

Ie ne voudrois pas pour vne pinte de mon sang ne vous auoir trouué, on vous croit ad patres.

LIDIAS

Vous me voyez sain, & sauf, entierement à vous en vendre & dépendre.

ALAIGRE.

Hé suis-ie ton pere? vous ay-ie vendu des poix qui ne cuisent pas? vous me regardez de costé.

L'ARCHER.

Non, non: mais il me semble que ie l'ay veu aux prunelles.

ALAIGRE.

Mais, Messieurs, sans ceremonie, couurez ces macquereaux de peur qu'il ne s'esuentent.

LIDIAS.

Dictes moy ie vous prie, mon frere, quel dessein vous meine.

LE PREVOST.

Ie cherchois certains Egyptiens qui pillent par tout où ils passent : mais ie croy que i'ay quitté leur brisée. I'ay vne memoire de liévre ie la perds en courant.

LIDIAS.

Vous ne vous en estes pas esloigné d'vn quart de lieuë : car nous estions, il n'y a qu'vn moment d'éguisez en ceux que vous cherchez, nous auions pris la peau du regnard pour attrapper ce vieil Cocq de Docteur de Thesaurus, & luy iouër vn tour de passe passe : Et en effet nous luy auons preparé l'esprit à receuoir vn futur gendre qui luy doit venir comme champignons en vne nuit, quoy qu'il me cognoisse aussi bien que s'il m'auoit nourry : mais non pas pource que ie suis à present mal gré luy & mal gré ses dents. Ie vois bien que vous n'entendez pas tout ce galimatias icy, auec plus de loisir ie vous esclairciray la matiere.

ALAIGRE.

Tantost, tantost, nous vous en conterons de huit & de treize.

LIDIAS.

Entrons dans le logis, ie vous veux faire voir vne sœur qui est venuë de la grace de Dieu, & qni est belle & grande.

ALAIGRE.

Il ne faut prendre garde à la grandeur, mauuaise herbe croist tousiours, entrez seulement, vous verrez qu'elle n'est point tant deschirée, auec cela vous apprendrez le reste du tripotage.

LE PREVOST.

Ie meurs d'impatience de sçauoir à quoy aboutiront ces feintes. Ie vous veux aussi conter la rencontre de certaine musique qui vous fera rire à gorge desployée. Entrons donc ie vous prie.

ALAIGRE.

Philipin vn mot, voyci des escogriffes qui ne nous apporteront rien, ne laisse pas traisner vn chiffon qui nous appartiennent, ils ont la mine de le serrer, & regardons plustost à leurs mains qu'à leurs pieds.

PHILIPIN.

Aussi feray-ie, car quand ils ne seroient pas larrons, ie croy qu'ils sont hardis preneurs.

ACTE III.

SCENE VI.

FIERABRAS.

OV sont-ils, ces Mirmidons, qui ont si temerairement donné vn assaut à mon courage, ils courent comme si le diable leur auoit promis quatre sols : mais ils ont beau destaller, ie ne me donneray pas la peine de courir apres eux. Hà! ventre, ie desespere quand ie songe qu'il a fallu que le vaillant, terrible, & foudroyant Fierabras, se soit laissé mettre hors de games par des mortels, sans auoir fait vn deluge de sang, ils sçauoient bien que mon courage mesprise ses ennemis quand ils sont trop foible: car en effect, la pitié m'a empesché de les regarder de mauuais œil, de peur de les faire mourir subitement, sans auoir le loisir de songer à leur conscience. mais quand ie reuiens à moy, faut-il qu'vne petite fille, vne petite barboüillée ait fait trouuer lieu en moy à vne passion qu'à celle de Mars? Dieu me sauue. Elle a causé vn miracle auquel ma memoire donne fin par le ressouuenir des tréves que i'auois accordées à tous les Roys & mescreans de la terre qui sont expirées: c'est pourquoy il faut que ie leur aille seruir à present de fleau, & couronner ce front de lauriers que l'amour en badinant auoit flestris parmy sa chaleur. Ce petit demon auoit allumé en moy vne flame par les yeux de certaine petites marmotes, qui sans y penser eust peu causer quelque fumée au lustre de ma gloire pour l'estouffer, c'est le regret que i'ay maintenant, car puis qu'vn homme de paille vaut vne femme d'or, le Mars des mortels doit-il esperer moins qu'vne diuinité? Ha ventre: ie vay faire briser mes pas à cinq cens Monarques, & me faire adorer par mille Princesses, ou Dieu me damne.

SCENE VII. ET DERNIERE.

LE PREVOST, ALAIGRE, PHILIPIN, LIDIAS, FLORINDE, LE DOCTEVR, ALISON ET MACEE.

LE PREVOST.

MOn frere, charité bien ordonnée commence par soy-mesme. Ie trouue que vous auez fort bien fait d'oster Madamoiselle Florinde au Capitaine Fierabras, c'est vn tresor dont il estoit indigne. Ie ne m'estonne plus, si vous estes gay comme Perrot, vous en auez subiet, car la chance est bien tournée depuis que nous vous voyons aussi triste que si vous eussiez eu la mort aux dents: l'amour vous faisant la guerre en ce temps là: mais à present vous auez recouuert celle que la renommée vante par tout, & qui est la perle des filles.

ALAIGRE.

Ie ne m'en estonne donc pas s'il la si bien enfilé puis qu'elle est la perle des filles, c'est folie d'en mentir, il a ma foy bien trouué son balot.

PHILIPIN.

Dame, il arriue à vn iour, ce qui n'arriue pas en cent, hà! ieunesse, que tu es forte à passer.

LIDIAS.

Mon frere, chaque chose à sa saison, & chaque saison apporte quelque chose nouuelle, auiourd'huy euesque, demain meusnier, c'est le monde, l'vn descend & l'autre monte, le bon heur suit le mal-heur, chasque chose suit son contraire, & cherche son semblable, apres la guerre, la paix, que nous pouuons auoir sans coup

ferir

serir, le iour qui commence beau & le-rain pronostique qu'apres la pluye vient le beau temps.

PHILIPPIN.

Pardienne, comme dit l'autre, ciel pommelé & femme fardée, ne sont pas de longue durée, si ie ne voy le chemin de sainct Iacques escrit au temps, ie ne m'y fie non plus qu'à vn larron ma bource.

ALAIGRE.

Ha tu es vn grand esprit, tu cognois bien vn double.

PHILIPIN.

Aga, rouge au soir, & blanc au matin, c'est la iournée du pelerin.

ALAIGRE.

Tu es vn grand Astrologue, tu t'y cognois comme vne truye en fine espice, & pourceau en poivre, tu ferois mieux les plats nets, que tu ne cognois les planettes: mais ne disputons sur l'astrologie, & troussons vistement bagage.

LYDIAS.

Alons tout de ce pas trouuer le Docte Thesaurus, mon frere, il ne vous cognoist non plus que le grand Sophi de Perse, il vous croira à cent pour cent dés la premiere parole que vous ietterez en auant touchant la baye que nous luy voulons donner. Allons, qui m'aime me suiue.

ALAIGRE.

Escoutez, sur tout fichez luy bien vostre colle, & qu'elle soit franche: mais tournons vn peu la truye au foin il n'y auroit point de danger de boire vn coup, de peur du mauuais air.

PHILIPIN.

Tu as tousiours le gosier adulteré. Si tu étois prescheur tu ne prescherois que sur la vendange.

FLORINDE.

Nous voicy tantost au lieu où il faudra entendre nostre sentence. Pour moy i'en tremble comme la fueille.

LIDIAS.

On dit qu'il ne faut iamais trembler qu'on ne voye sa teste à ses pieds. Mais à vostre compte vous estes bien loin de là.

LE PREVOST.

Il faut estre asseurez comme meurtriers, & ne se laisser pas prendre par le bec.

PHILIPIN.

Il ne faut rien desbagouler. Pour moy ie m'en vais faire le marmiton, & bien agencer l'emplastre pour bailler mieux la fée.

ALAIGRE.

O que voila vne belle maison s'il y auoit des pots à moineaux! Nous ne trouuerons pas visage de bois. On ouure la porte à Calpin le ieune.

FLORINDE.

C'est mon pere, pour le sur.

LE DOCTEVR.

Dieu me doint aussi bonne encontre comme mon songe semble me la promettre. Il me sembloit que i'auois trouué deux enfans pour vn. Ie m'en vay me recommander à Nostre Dame de recouurance.

LE PREVOST.

Monsieur, elle vous enuoye ce qui n'estoit pas perdu, aussi saine & entiere que quand elle est sortie du ventre de sa mere.

THESAVRVS.

Est-ce vous, mon enfant, mon baston de vieillesse, est-ce vous ma petite rate ma-

petite fressure, helas ! mon soucy, d'où venez-vous, dites, vous ne parlez non plus que si vous n'auiez point de langue hé, là là, ne pleurez point tant, vous l'aurez, mais dites moy vn peu qui vous auoit si bien troussez en malle.

FLORINDE.

Mon pere, ie ne sçay : mais sans le secours de ce Gentil homme vous n'auriez plus de fille, c'est à luy à qui vous deuez sçauoir gré de m'auoir conserué l'hõneur sain & entier, exposãt sa vie à plus d'vne douzaine d'espées, dont les coups tomboient sur luy & sur les siens comme la pluye. Philipin a eschappé belle aussi bien que moy. Ie m'asseure qu'il sçait bien à quoy s'en tenir : car il eut de bons chinfreneaux.

PHILIPIN.

Ils n'auoient pas enuie de me faire languir, sont des meschans, ils ont couppé la main à nostre cochon : sans le Seigneur Lidias & ce visage là ils m'eussẽt couppé bras & iambes, & m'eussent enuoyé aux galleres, en deux coups de iarnac ils nous deliurerent de cette maudite engence.

LE PREVOST.

Mais encore n'auez vous point eu vent qui ils estoient, vous qui les auez si bien rembarrez?

ALAIGRE.

O ma foy foüillez moy plustost. Ie vous diray bien qu'il en demeura moins d'vne douzaine sur le carreau, ils estoient tellement hachez de coups d'espée, qu'on ne les pouuoit recognoistre. Auec cela nous les auons percez à iour comme des cribles.

EIDIAS.

Nous prismes langue aux lieux prochains: mais cela ne nous seruit de rien car ils couroient comme des lievres.

ALAIGRE.

Ceux qui resterent ne nous donnerent pas le loisir pour nous recognoistre, car ils nous tournerent bien-tost le dos, & nous monstrerent bien leurs talons, dont ils n'escrimoient point mal: quand ie vis cela, ie iettay mon bonnet par dessus les moulins, & ie ne sçay ce qu'il deuint.

THESAVRVS.

Il faut que i'appelle nostre chere moitié.

Ma femme, venez voir nostre genitu-re : venez viste, nostre heritiere est de retour.

PHILIPIN.

Elle est reuenuë Denise, tout va bien.

ALAIGRE.

Parlons bas, chose nous escoute.

THESAVRVS.

Seigneur Lidias, il faut que ie vous em-brasse, i'ay mis en arriere la dent que i'a-uois contre vous.

ALAIGRE.

Alizon, ie te baise les pieds, les mains sont trop communes. Morbleu tu as les yeux riants comme vne truye bruslée, tu es d'aussi belle taille que la perche d'vn ramonneur: dy moy sans mentir, de com-bien as-tu auiourd'huy ferré la mule : re-garde Philipin, ce drolle là t'aime, il te rit tortu.

ALIZON.

Tu n'es qu'vn hableux, ie ne suis pas viande pour ton oiseau.

THESAVRVS.

Puisque vous aymez ma fille, publiez le mal talent que vous pouuez auoir con-tre moy. ie suis fasché de ne vous auoir pas traité comme mon enfant, vous le meritez mieux que ce donneur de canars à moitié, qui nous promettoit tant de chasteaux en Espagne.

LIDIAS.

Monsieur, l'homme propose & Dieu dispose.

PHILIPIN.

Mais que tu fasses bien, les liévres prendront les chiens.

ALIZON.

Hé le malitorné, que cela est maussade, il ne sçauroit laisser le monde comme il est.

MACEE.

Helas ma pauure fille, ie suis plus heureuse de t'auoir recouuerte que si i'auois trouué la pierre Philosophale. Ie ne faisois que traisner ma vie en ton abscence, à cette heure il semble que ie vole, le cœur me saute dans le ventre, ie m'espanouys la rate, ç'a que ie t'embrasse à mon gogo.

ALAIGRE.

Mais à propos qu'est deuenu ce Capitaine des bandes grises, il a tousiours esté aussi chanceux que la chien à Brusquet.

THESAVRVS.

C'est vn pipeur, les petits enfans en vont à la moutarde, vn temps durant ie l'ay veu honneste homme pourtant.

ALAIGRE.

Honneste homme, c'est donc en Latin: car François il n'a iamais esté qu'vn sot: c'est vn grenier à coups de poing ce morfondu là, fy, fy, au diable.

PHILIPIN.

Vous l'auez donc recogneu Seigneur de nul lieu faute de place. Ie me doutois biē qu'il estoit des Gentils hommes de la Beausse qui se tiennent au lict pendant qu'on refait leurs chausses.

THESAVRVS.

Mais ma femme ne faites pas comme les singes qui serrent si fort leurs petits quād ils les caressent, qu'ils les estouffent, Ma femme rendez vn peu l'honneur à qui il appartient, & faites vne accolerette à ce Gentilhomme que vous deuez à tout iamais, à perpetuité, & par tous les siecles cherir comme s'il auoit tourné en vostre ventre.

LIDIAS.

Madame, ie ne merite pas la moindre

partie

partie de l'hõneur que ie reçois de vous: ce que i'ay fait n'a esté que par deuoir, ie vous prie de croire que c'est la moindre chose que ie voudrois faire pour vostre seruice.

MACEE.

Monsieur, vous nous obligez si fort à faire estime de vous, que vous nous pouuez commander aussi absolument que le Roy à son Sergent, & la Royne à son enfant.

ALAIGRE.

Pour luy, il a les iambes de festu & le cul de verre, il rompra tout s'il se remuë.

MACEE.

Vous voyez des gens qui se repentent de vous auoir fait passer tant de mauuaises nuicts. Vous sçauez qu'il vaut mieux se repentir tard que iamais. Nous l'amenderons de façon ou d'autre.

LIDIAS.

Madame, rien ne s'acquiert sans peine: puisque les moindres choses meritent le trauail qu'on employe, les bonnes graces du pere, de la mere, & de la fille que i'estime par sur les montaignes meritoient bié d'estre acquises auec toutes ces peines, & mesmes au peril de ma vie, cõme i'ay fait.

THESAVRVS.

Ma femme, s'il vaut mieux escu que l'autre maille, Dieu le deuoir à nostre fille.

MACEE.

Monsieur, nous vous prions de l'accepter d'aussi bon cœur que quelque chose de meilleur, c'est peu à vostre égard nous n'en doutons pas.

THESAVRVS.

Nous vous dõnons ce que nous auons en amy, sans aucune condition que celle que vous voudrez.

LIDIAS.

Monsieur, i'accepte cecy & cela, & tout ce qu'il vous plaira, ie vous donne la carte blanche.

THESAVRVS.

Vous estes vn braue homme de receuoir ce compromis sans barguigner : pour les autres petites bagatelles, nous ne nous battrons pas ensemble.

ALIZON.

Vous sçauez bien comme vous vous en portez ma petite maistresse, tredame vous voila grande comme vn iour sans pain.

FLORINDE.

Tu caquette tousiours comme vn chardonneret.

THESAVRVS.

Mais s'il est ainsi qu'on cognoisse par les fleurs l'excellence du fruit, ce gentilhomme là est honneste homme à sa mine.

LIDIAS.

Monsieur, s'il n'est ce que vous dites, au moins est-il du bois dont on le fait.

PHILIPIN.

Pourquoy ne le seroit-il pas? le cousin germain du pere son grand-pere auoit enuie de l'estre.

ALAIGRE.

Il est meschant, ie ne voudrois ma foy pas qu'il m'eust rompu vne iambe: c'est vn galland, il a la fesse tonduë: fol qui luy donnera sa femme en garde: car c'est vn masle, il a la gorge noire.

LIDIAS.

Sans vous tenir dauantage en suspens, pour vous esclaircir de doute, ie vous asseure qu'il ne me peut estre plus proche s'il n'est mon pere.

LE PREVOST.

Monsieur, ie suis vostre seruiteur, quãd vous ne le voudriez pas.

THESAVRVS.

Monsieur, vous nous tiendrez pour excusez s'il vous plaist, nous n'auions pas l'honneur de vous cognoistre, vous sçauez que nul ne l'aist apris & instruit.

PHILIPIN.

N'importe, n'importe, tous chats sont gris de nuict.

LE PREVOST.

Monsieur, ie suis ce que ie suis: mais ie vous coniure de croire que ie suis autant vostre seruiteur qu'vn pareil à moy.

THESAVRVS.

Ma femme, mesnagez vostre contentemēt, vne soudaine ioye tuë aussi tost qu'vne grande douleur. Voila le frere du Seigneur Lidias, rendez luy le deuoir, il faut honorer la vertu par tout où on la trouue.

MACEE.

Vrayment à la bonne heure.

ALAIGRE.

Nous prit la pluye.

MACEE.

Il fait bon viure & ne rien sçauoir, on apprend tousiours quelque chose. Monsieur, pardonnez leur, ils ne sçauent ce qu'ils font ie vous asseure.

LE PREVOST.

Madame, où il n'y a point de faute, il

n'y a point de pardon.

MACEE.

Vous sçauez que nous ne sommes pas maistres de nos premiers mouuemens.

ALAIGRE.

Ie donne au diable si.

PHILIPIN.

Toubeau, ie retiens la teste pour faire vn pot à pisser. ALAIGRE.

Si on donne rien à si bon marché que les compliments.

PHILIPIN.

Retire-toy de là, ta iument ruë, si le diable te venoit querir, i'aurois peur qu'il ne prist le cul pour les chausses.

ALAIGRE.

Cela ne vaut pas le disputer.

PHILIPIN.

Tu t'estonne d'entendre des complimens, vrayment ils en disent bien d'autres dont ils ne prennent point d'argent.

ALAIGRE.

Ils payent souuent le monde de cette monnoye là: car tout tant qu'ils sont, ils ressemblent les Arbalestriers de Cognac, ils sont de dure desserre: c'est iustement comme les compagnons Bahurtiers, ils font plus de bruit que de besongne.

MACEE.

Dites-moy enfans, ceux-là sont-ils de vostre caballe!

THESAVRVS.

Estes vous camarades ensemble?

PHILIPIN.

Camarade, leurs camarades sont au moulin la corde au col, & les fers aux pieds. Voulez-vous que ie vous dise? toutes comparaisons sont odieuses, vous auez bon foye ma foy de m'accomparager à telles gens que cela: ils ne furent iamais de nostre plat bougre.

ALAIGRE.

Ho ma foy à propos signez-vous, vous voyez les mauuais, & si ie vous responds qu'ils seront de la nopce des plus auant & des moins prisez. Ce sont gens qui payent bien quand ils payent contant. Au reste ils gaignent par tout: ie croy qu'ils portent de la corde de pendu: en vn mot sont ceux qui mettent le monde dans la boëste aux cailloux.

PHILIPIN.

Sont les deux fils de Michaut Crouppiere, qui est Maistre aux Arts, tailleurs de pourpoints à vache. Il est parquienne aussi vray que ie depesche, voyez le beau macquereau que ie tiens.

MACEE.

Nous sommes presque aussi sçauans que nous estions. Mais ce n'est pas fait, allons mettre tout par escuelle pour solenniser la nopce, ie veux marquer pour iamais ce iourd'huy d'vne pierre blanche. On dit bien vray que nul ne sçait le futur. *Post tenebras, lux. Post nebula, Phœbus.* Dieu fait tout pour le mieux, Mais laissons cela à part, & allons faire la nopce. Messieurs, ie vous prie de la benisson, & du disner non.

ALIZON.

Ie m'en vais m'apprester à bien remuer le pot aux crottes, mon maistre n'aurons-nous pas les flusteux.

LE PREVOST.

Cela s'en va comme le vin du vallet, foy de sçauant homme, ie suis aussi aise qu'à la nopce.

ALAIGRE.

Alizon tu as gaigné ton procez, tu danceras tantost la dance du loup, la queüe entre les iambes.

THESAVRVS.

Allons mes enfans, entrons dans le logis

& faisons bonbance, bonbance.

PHILIPIN.

Morbleu faisons gogaille, le diable est mort.

MACEE.

Messieurs, ne vous plaist-il pas d'entrer, mon mary vous montre le chemin.

ALAIGRE.

Ils ne feront pas cette sottise là, vous la ferez s'il vous plaist.

LE PREVOST.

Madame, tréve de ceremonies.

PHILIPIN.

Vous auez sept ans passez, quand les canes vont aux champs, la premiere va deuant.

ALAIGRE.

Voila qui est bien, ils vont deux à deux comme Freres mineurs.

PHILIPIN.

Florinde ressemble à l'espousée de Massi, elle passeroit sur quatre œufs sans qu'elle en cassast demy douzaine.

ALAIGRE.

Et là Alizon, remüe-toy, tu n'as rien de rompu : veux tu vn seruiteur ? voila le galland, n'en veux-tu point ? tu ne l'auras pas, vn mary sans vn amy ce n'est rien fait qu'à demy. Pour ce qui est de Philipin, vn cochon de son aage ne seroit pas bon à rostir: si tu veux que nous nous mettions ensemble, ie te feray plus aise qu'vn pourceau en l'auge.

ALIZON.

Helas que nenny, vous seriez deux loups apres vne brebis.

PHILIPIN.

Vrayement tu n'as garde de la perdre, tu ne la tiens pas: tu n'es qu'vn bourache, tu n'as pas le liart pour te faire tondre, & tu te veux marier.

ALAIGRE.

Taisez vous gros caffard, si vous faites la beste le loup vous mangera.

ALISON.

Race que tu es, ie ne sçay comme ie ne t'arrache la face au courage qui me tient: tu es vn homme bien fait pour tourner quatre broches: le voyez vous? Il est basti comme quatre œufs, & vn morceau de fromage. Vrayement tu n'as garde d'engondrer, tu es bien arriué.

ALAIGRE.

La pucelle à Iean Guerin, ie t'asseure que ie ne voudrois pas cacher ma ...

entre tes iambes, on y foüille trop souuët.

PHILIPIN.

Aga, Alion, l'enuie ne mourra iamais mais les enuieux mourrõt, en dépit d'eux que ie t'acolle.

ALAIGRE.

O la grande amitié quand vn Pourceau baise vne Truye! pousse, pousse quentin, c'est vin vieux. Tu feras comme les sauetiers, tu trauailleras en vieille besongne, au reste quand vous voudrez tous deux on fera vn trou à vos chausses.

ALIZON.

Va, va, malencontreux, Dieu te conduise, & le Tonnere, tu n'iras pas sans tambour.

PHILIPIN.

Aga, ma grosse creuasse, c'est vn meschant, tu le verras boüillir en enfer, tu sçais bien ce que ie te suis, rien si tu ne veux, quand tu voudras ie frotteray ma quoine contre ton lard, & te couuriray de la peau d'vn Chrestien. Alizon si tu veux, nous coucherons nous deux.

ALIZON.

Tredame, tu n'es point desgousté, l'eau ne te vient elle point à la bouche, aye patience que ie soyons mariez, il faut que

Messire Iean y passe, & puis tu y passeras tout ton saoul : ie vois bien que tu es bien amoureux, car tu es bien chatouilleux.

PHILIPIN.

Tu as bon dos, tu es bonne à marier il ne manque plus qu'à coupper du pain au chansteau.

ALIZON.

Dame, Philipine, il te faut donner vn peigne, tu t'en veux mesler, tu as les genoux chaut, tu veux iazer, ie te trouue tout ieune & ioyeux, ie croy que tu as encore ton premier beguin. Et aga, mon pauure bon lot, qui te tordroit le nez il en sortiroit du laict, & si tu ressemble les grands chiens, tu veux pisser contre les murailles.

PHILIPIN.

Et pourquoy non, ay-ie pas la barbe au menton, suis-ie pas aussi dru que pere & mere, & puis ne sçais-tu pas que les plus sots le font le mieux.

ALIZON.

Vertuchou qu'eu chenault, tu as les dents plus longues que la barbe, ie pense que tu viens de Vaugirard, ta gibesiere sent le lart, ou bien d'vn estrange pays, car tu as la barbe aux yeux.

PHILIPIN.

Morquoy que tu es belle à la chandelle mais le iour gaste tout. Mais allons à la nopce nous en sommes bien serrez pour nostre argent : c'est pour nos maistres & pour nous qu'on fait la feste.

Finis coronat opus, comme dit le Docteur, la fin couronne les taupes. Tire le rideau la farce iouée. Si vous la trouuez bonne faites y vne sausse, ou la faites rostir ou boüillir, & traisner par les cendres, & si vous n'estes contens, couchez vous aupres, les valets de la feste vous remercissont: Bon soir mon pere & ma mere & la compagnie.

FIN.

Acheué d'Imprimer, le 21. de Iuillet 1656.

www.ingramcontent.com/pod-product-compliance
Lightning Source LLC
LaVergne TN
LVHW010609110826
845149LV00003B/833